Sebastian Lehmann, im schönen Freiburg geboren, lebt seit knapp 20 Jahren in Berlin, das manche auch als schön bezeichnen, jedenfalls im Sommer, wenn man betrunken ist und kein Geld für Urlaub hat. Auf SWR3 und RBB radioeins läuft seine Radiocomedy über Elterntelefonate. Er hat ein paar Bücher geschrieben, meistens auch über seine Eltern, aber ebenfalls über Jugendkulturen, Elche, Kleingärten und Club Mate. In Berlin ist er Mitglied der Lesebühnen »Lesedüne« und »Fuchs & Söhne«. Mit seinen Soloprogrammen tourt er durch Deutschland und liest teilweise vor mehreren hundert Zuschauern – oder sagen wir: zumindest vor mehreren Zuschauern. 2020 hat er einen Preis gewonnen, doch weil Corona war, hat es leider niemand mitbekommen. Nicht einmal seine Eltern. Wahrscheinlich fragen sie deswegen immer, ob er vielleicht doch noch Lehrer werden will. Will er aber nicht, Papa.

2017 erschien bei Voland & Quist Lehmanns Debütroman: »Parallel leben«.

© Verlag Voland & Quist GmbH, Berlin und Dresden 2022

Korrektorat: Kristina Wengorz
Umschlaggestaltung: pingundpong
Satz: Fred Uhde
Druck und Bindung: Balto print, Vilnius

ISBN 978-3-86391-351-9

www.voland-quist.de

»Ich hab's dir doch gleich gesagt, Sebastian.«

Elterntelefonate

Voland & Quist

Sebastian Lehmann

»Your mother should know.«
The Beatles

Vorwort

Aus der Sicht meiner Mutter habe ich mich, seit ich als Einjähriger mit dicker Windel über den Wohnzimmerteppich robbte, kaum verändert. In den knapp vierzig Jahren dazwischen lernte ich aber nicht nur laufen, sondern habe studiert, in verschiedenen Jobs gearbeitet, Bücher geschrieben, mir einen Kleingarten zugelegt und sämtliche Folgen *Raumschiff Enterprise* geschaut. Trotzdem traut mir meine Mutter immer noch nicht zu, ausreichend Essen für mich selbst zu kochen, damit ich nicht qualvoll verhungere. Gleichzeitig erzählt sie mir ständig, wie dick ich geworden bin. Mein Vater hat dagegen immer noch Angst, dass ich sein Auto zu Schrott fahre. Das Kind seiner Eltern bleibt man eben sein ganzes Leben lang. Und das ist auch gut so.

Ich wohne schon lange nicht mehr bei meinen Eltern. In beiderseitigem Interesse habe ich mir nach der Schule eine eigene Wohnung gesucht. Achthundert Kilometer von meiner Heimatstadt Freiburg entfernt, in Berlin.

Meine Mutter kommentierte das damals so: »Dass du ausziehst, finde ich ja in Ordnung. Aber warum gleich so weit weg?« Sie verdrückte tatsächlich eine Träne.

Sogar mein Vater schniefte traurig. »Allergie«, sagte er.

»Papa, es ist Januar.«

»Ach, Sebastian, es ist einfach traurig. Man gewöhnt sich an alles. Sogar an dich.«

»Wir können ja regelmäßig telefonieren«, sagte ich, um meine Eltern zu trösten.

Und damit nahm das Unglück seinen Lauf. Denn meine Mutter rief an. Häufig. Sehr häufig. Täglich.

Nach ein paar Jahren begann ich, die Telefonate mit meinen Eltern mitzuschreiben und auf Bühnen und im Radio vorzulesen. Dem Publikum gefiel das ganz gut, denn es setzte sich ebenfalls aus Eltern oder Kindern zusammen und schien ganz ähnliche Erfahrungen gemacht zu haben. Hin und wieder fragten mich sogar mir völlig unbekannte Menschen, ob wir verwandt wären.

Ich stellte ein erstes Buch zusammen. Meine Eltern fanden es stellenweise sogar lustig.

»Vor allem das, was ich sage«, meinte mein Vater.

Meine Mutter machte sich hauptsächlich Sorgen, wie sie den Verwandten erklären sollte, womit ich mein Geld verdiente: »Als sogenannter Schriftsteller wohl kaum. Du warst ja noch nicht mal bei Markus Lanz im Fernsehen.«

»Ich kann sehr gut von meinen Einkünften als Erfolgsautor leben«, antwortete ich. »So drei Wochen lang.«

»Ich hab's dir doch gleich gesagt, dass das nichts wird mit dem Schreiben«, rief meine Mutter.

Und es stimmte. Sie hatte es mir gesagt. Nicht nur das.

»Werde Lehrer!«, hatte sie gesagt. »Da verdient man gut und hat viele Ferien.«

»Werde auf keinen Fall Lehrer!«, hatte sie ebenfalls gesagt. »Da muss man sich den ganzen Tag mit nervigen Schülern herumschlagen und früh aufstehen, das schaffst du nicht.«

Nach der Veröffentlichung des ersten Buchs hörten wir natürlich nicht auf zu telefonieren. Ich beschloss, ein neues Buch mit transkribierten Telefonaten zusammenzustellen. Dieses Mal wollte ich meine Eltern in den Auswahlprozess einbinden. Damit sie danach nicht sagen konnten: »Sebastian, wir haben dir ja gleich gesagt, das wird so nichts. Das ist nicht lustig genug. Kein Wunder, dass dich der Lanz nicht in seine Sendung einlädt.«

Noch bevor ich meinen Eltern das Manuskript schickte, begannen sie, mich mit Vorschlägen – oder sagen wir: Befehlen – zu bombardieren.

»Ins Buch kommen aber keine Telefonate, bei denen wir über unsere Krankheiten sprechen«, verfügte meine Mutter. »Ebenso möchten wir nichts über unser leicht fortgeschrittenes Alter lesen.«

»Und auch nichts über unsere Hobbys«, rief mein Vater.

»Ihr habt doch gar keine Hobbys«, sagte ich. »Oder meinst du etwa …«

»Pscht«, unterbrach mich mein Vater.

»Die Telefonate übers Wetter lässt du auch weg«, ließ sich meine Mutter nicht beirren. »Da werden die Leute nur neidisch, weil bei uns in Freiburg immer die Sonne scheint.«

»Und über unseren Englischkurs an der Volkshochschule auch kein Wort!«

»Liebe Eltern, dann ist ja gar nichts mehr übrig.«

»Ich bitte dich, Sebastian, höre wenigstens dieses eine Mal auf deine armen, alten Eltern! Das ist unser Privatleben.«

Natürlich folge ich allem, was meine Eltern sagen.[1] Deswegen musste ich das ursprünglich auf zwölf Bände und achttausend Seiten angelegte Projekt auf dieses eine Buch reduzieren.

Darüber hinaus habe ich mit anderen Eltern telefoniert – und einige dieser Telefonate als kleine Exkurse eingestreut. Schließlich haben auch andere Kinder *schöne* Eltern. Außerdem erläutere ich noch ein paar wichtige Sachverhalte, die meine Eltern und ich nicht zur vollständigen Zufriedenheit am Telefon klären konnten. Zum Beispiel meinen komplizierten Familienstammbaum und meine verwirrende Kindheit.

Meine Eltern und ich wünschen viel Spaß bei der Lektüre.

---

1 Außerdem haben sie mit ihrem Anwalt gedroht.

Mahlzeit

Meine Mutter ruft aus meiner Heimatstadt Freiburg an.

»Wir essen gerade«, sagt sie sofort, nachdem ich mich gemeldet habe.

»Warum rufst du mich dann an?«, frage ich verwirrt.

»Normalerweise isst *du* immer, wenn *ich* anrufe«, beschwert sie sich. »Und willst deswegen nicht mit mir telefonieren.«

»Ja, das sind immer so seltsame Zufälle.«

»Sebastian, ich muss jetzt auflegen, das Essen wird kalt.«

»Was gibt's denn Leckeres?«, frage ich.

»Salat.«

»Der Salat wird kalt?«

»Es gibt Schnitzel dazu«, ruft mein Vater von hinten ins Telefon. Ich höre, wie er laut schmatzt. »Und Putenstreifen.«

»Ein ganz normaler badischer Salat«, sage ich. »Ein paar grüne Blätter und dazu ganz viel Fleisch. Ihr würdet wahrscheinlich sogar Pizza ausschließlich mit Fleisch belegen.«

»Na, klar: mit Speck«, sagt mein Vater. »Das heißt dann Flammenkuchen.«

»Ihr müsst mal ein bisschen auf eure Ernährung achten. So viel Fleisch ist wirklich nicht gesund.«

»Als Kind hast du auch jeden Tag Fleisch gegessen, und geschadet hat's dir nicht.«

»Na ja, irgendwas muss ja falsch gelaufen sein«, wendet mein Vater ein.

»Vielleicht liegt es daran, dass er mit drei Jahren von der Schaukel direkt auf den Hinterkopf gefallen ist?«

»Was soll denn bitte überhaupt in meiner Kindheit falsch gelaufen sein?«, unterbreche ich meine Eltern.

»Na, dass du Vegetarier geworden bist.«

Ich stöhne auf. »Sehr witzig, liebe Eltern. Hat euer Hausarzt nicht gesagt, dass ihr mehr auf eure Fettwerte achten sollt?«

»Wir achten genau auf die«, ruft mein Vater. »Heute sind sie zum Beispiel sehr hoch.«

»Warum seid ihr immer so unvernünftig? Und das in eurem fortgeschrittenen Alter. Ihr müsst euch wirklich mal gesünder ernähren!«

»Wann ist das eigentlich passiert, dass die eigenen Kinder plötzlich die Eltern erziehen wollen?«, fragt meine Mutter. »Als du neulich bei uns zu Besuch warst, hast um zehn Uhr gesagt, wir sollen ins Bett gehen. Und sogar kontrolliert, ob wir unsere Zähne putzen.«

»Ich mache mir eben Sorgen um euch.«

»Sebastian, das ist *mein* Satz. Mütter machen sich Sorgen um die Kinder – nicht andersrum.«

»Aber ich bin inzwischen erwachsen, Mama.«

»Wir sind auch erwachsen! Seit über fünfzig Jahren!«

»Jaja, trotzdem müsst ihr ein wenig mehr auf eure Gesundheit achten. Papa hat in letzter Zeit wirklich zugenommen. Deswegen habe ich euch bei so einem Nordic-Walking-Kurs angemeldet …«

»Der Schnitzelsalat wird kalt!«, ruft mein Vater und legt schnell auf.

Schwarz

Meine Mutter ruft aus meiner Heimatstadt Freiburg an.

»Ich esse gerade«, sage ich sofort.

»Ich glaube dir gar nichts mehr, Sebastian.«

»Na gut, Mama, was ist los?«

»Uns ist leider etwas Dummes passiert.«

Ich seufze. Immer das Gleiche. »Wie oft habe ich euch schon erklärt, dass ihr nicht auf diese ominösen Mails antworten sollt, bei denen ihr von einem Investmentbanker aus Singapur ›ausgewählt‹ wurdet, zwei Millionen Dollar zu ›gewinnen‹.«

»Ach, nicht das«, ruft mein Vater von hinten ins Telefon. »Da ist unser Anwalt eh schon dran.«

Wenn ich mit meiner Mutter telefoniere, spreche ich in Wahrheit immer auch mit meinem Vater. Meine Eltern brauchen dafür nicht einmal die Lautsprecher-Funktion an ihrem Telefon. Es ist so laut eingestellt ist, dass mein Vater alles mithören kann, was ich sage. Nur ich verstehe ihn leider schlecht, deswegen ruft er besonders laut.

»Jetzt geht es darum, dass wir unser Wohnzimmer haben streichen lassen«, sagt meine Mutter.

»Was kann denn dabei schiefgehen, Mama?«

»Na ja, wir hatten den Maler gefragt, ob er es schwarz machen kann.«

»Und was ist daran das Problem? Macht doch jeder so.«

»Ich persönlich find's etwas deprimierend.«

Ich verdrehe die Augen. »Na klar! Der Maler hat euer Wohnzimmer schwarz angemalt. Was wollt ihr mir noch erzählen? Dass ich gar nicht euer Kind bin?« Ich lache.

Meine Eltern lachen nicht.

»Und Steuern fürs Schwarzmalen hat er auch noch verlangt«, beschwert sich mein Vater.

»Was wollt ihr jetzt mit eurem Grufti-Wohnzimmer machen?«, frage ich. »An Satanisten vermieten?«

»Vielleicht könntest du das wieder überstreichen, Sebastian? Du bist doch handwerklich so talentiert.«

Im Hintergrund höre ich meinen Vater laut auflachen.

»Außerdem kann das dein Vater ja nicht mehr. Mit seinem Rücken.«

»Ich hab auch keine Lust!«, ruft er.

»Willst du blaumachen, Papa?« Ich muss kichern.

»Nee, deine Mutter will Eierschale …«

»Na gut, ich malere für euch. Aber ihr müsst mich bezahlen.«

»Selbstverständlich, Sebastian. Wir warten nur noch auf die zwei Millionen aus Singapur.«

»Das könnt ihr mir nicht weismachen«, sage ich und kichere wieder.

Aber meine Mutter hat schon aufgelegt.

Wahnsinnig interessant

Meine Mutter ruft aus meiner Heimatstadt Freiburg an.

»Dein Vater und ich haben vorhin Frau Schmidt von gegenüber getroffen«, sagt sie. »Die Schmidts sind wirklich eine sehr nette Familie. Der Sohn ist während der schlimmen Lockdowns in der Corona-Zeit sogar für uns einkaufen gegangen.«

»Das ist aber nett.«

»Gleich am Anfang hat er uns zehn Kästen Rothaus[2] gebracht«, ruft mein Vater von hinten.

»Ihr habt Rothaus gehamstert? Was ist mit Schwarzwälder Schinken?«

»Haben wir sowieso grundsätzlich zwanzig Kilo in der Tiefkühltruhe.«

»Ich bin beeindruckt, liebe Eltern. Kaum jemand kam so gut mit dem Ausnahmezustand zurecht wie ihr.«

»Ach, Ausnahmezustand kannten wir ja auch noch von damals«, sagt meine Mutter.

»Na ja, so alt seid ihr ja auch wieder nicht.«

»Mit dir als Kind war früher immer Ausnahmezustand.«

»Was soll das denn heißen?«

»Du warst kein einfaches Kind, Sebastian. Ständig war was los. Weißt du noch, als du deine Blockflöte verschluckt hast?«

»Wie soll denn das gehen, Mama?«

»Ein Ausnahme-Kind eben. Einmal hast du beim Fußball mit so viel Schwung neben den Ball getreten, dass du dir die

---

2 »Rothaus. Badische Staatsbrauerei. Das beste Bier der Welt.« Fußnote von meinem Vater.

Hüfte gebrochen hast.« Meine Mutter stöhnt theatralisch auf. »Jedenfalls hat Frau Schmidt erzählt, dass ihr Sohn sein Medizinstudium erfolgreich abgeschlossen hat und Hirnchirurg an der Uniklinik in Freiburg wird. Sehr gut bezahlt ist das.«

»Das ist ja alles wahnsinnig interessant«, sage ich.

»Ja, fand ich auch. Aber dann hat Frau Schmidt leider gefragt, was *du* beruflich machst.«

»Und was hast du geantwortet?«

»Ich habe gesagt, dass du Lehrer bist.«

»Ich war ja eher für Rechtsanwalt«, ruft mein Vater.

»Du hast Frau Schmidt angelogen, Mama? Warum denn das? Ist dir mein Beruf peinlich?«

»Was für ein Beruf denn, Sebastian?«

»Ich bin freischaffender Schriftsteller«, sage ich empört. »Ich schreibe Bücher und humorvolle Kurzgeschichten für die Bühne und das Radio. Das kannst du doch Frau Schmidt einfach sagen.«

»Das versteht die doch nicht. Die denkt doch dann, dass du arbeitslos bist.«

»Warum soll die denn das denken?«

»Denken wir ja auch«, ruft mein Vater.

»Lehrer ist also okay, aber Schriftsteller nicht, oder was?«

»Für ein Jurastudium ist es noch nicht zu spät, Sebastian!«, wirft mein Vater ein.

»Welche Fächer unterrichte ich denn?«, frage ich dann.

»Mathe und Physik«, sagt meine Mutter »Und natürlich an einem Gymnasium.«

»Na, immerhin …«

»Und dann hat Frau Schmidt gefragt, ob du ihrem Enkel vielleicht Nachhilfe in Mathe geben könntest. Deswegen rufe ich an.«

»Mama, meine beste Note in Mathe war eine Fünf plus. Ich kann dem Kind keine Nachhilfe geben.«

»Der ist in der zweiten Klasse. Die machen gerade Plusrechnen …«

»Als Gymnasiallehrer ist das aber unter meiner Würde!«

»Außerdem gibt es zwanzig Euro die Stunde …«

»Na gut«, sage ich. »Ich bring meinen Taschenrechner mit.«

Party

Meine Mutter ruft an.

»Gestern sind dein Vater und ich ausgegangen«, sagt sie.

»Anscheinend seid ihr aber inzwischen wieder an.« Ich kichere.

»Haha, du bist ja so witzig, Sohn. Warst du mit Peter Hartz duschen?«

»Das heißt: ›Warst du mit Peter Lustig duschen?‹«

»Nein, ich meine schon den Peter Hartz. Bei so schlechten Witzen brauchst du ja bestimmt bald seine Hilfe.«

»Wo wart ihr denn gestern?«, ignoriere ich sie. »Als ihr ausgegangen seid?«

»Wir haben Party gemacht.«

»Das kann ich mir irgendwie nicht vorstellen.«

»Es war doch die Abschlussparty von unserem Tangokurs an der Volkshochschule …«

»Was ist denn mit euch los? Letztes Jahr der Englischkurs – und jetzt Tango?«

»Auch deine Eltern schwingen gern mal das Tanzbein. Und es war wild gestern. Dein Vater hat sogar eine Rose gegessen.«

»Wieso denn das?«

»Eigentlich sollte er sie nur zwischen seine Zähne klemmen, aber er hatte dem Tanzlehrer nicht richtig zugehört.« Meine Mutter lacht. »Gehst du denn auch manchmal tanzen, Sebastian?«

»Aus dem Alter bin ich raus. Aber manchmal laden wir ein paar befreundete Pärchen zum Spieleabend ein.«

»Das ist ja *lame*«, sagt sie.

»Wie bitte?« Ich schaue schockiert den Telefonhörer an. Manchmal habe ich das Gefühl, meine Mutter hat sich ganz schön verändert, seit ich zu Hause ausgezogen bin. Sie scheint jünger geworden zu sein.

»*Lame* heißt ›langweilig‹. Hatten wir in unserem Englischkurs. Morgen ist übrigens unser Bodypainting-Kurs. Und am Wochenende wollten wir zum Craft-Beer-Festival.«

»Mama, hast du einen Hipster gefrühstückt?«

»Mach dich doch mal locker«, sagt sie. »Früher, in unserer Jugend, haben wir auch einige Feten gerockt.«

»Die Siebziger sind vorbei, liebe Eltern.«

»Dafür sind wir jetzt in den Siebzigern!«, ruft mein Vater.

»Rosen, Rothaus und Rock 'n' Roll?«, frage ich. »Ist das euer zweiter oder vielleicht eher vierter Frühling?«

»Besser als gleich Herbst wie bei dir, Langweiler!«, ruft mein Vater und legt auf.

Ich blicke mich traurig in meinem leeren Zimmer um. Meine Freundin zieht heute mit ein paar Freundinnen um die Häuser. Ich nehme einen Schluck lauwarmen Kamillentee und spiele weiter Solitär.

Im Alter

»Ich habe ganz vergessen, warum ich dich angerufen habe«, sagt meine Mutter sofort, nachdem ich ans Telefon gegangen bin.

»Ach, da gibt's sonst einen Grund?«

»Das ist nicht lustig, Sohn! Ich mach mir Sorgen, ständig vergesse ich alles. Gestern habe ich sogar vergessen, das Bad zu putzen.«

»Och, da brauchst du dir keine Sorgen machen, das vergesse ich schon seit vier Monaten.«

»Und heute Morgen habe ich vergessen, deinem Vater seine Kleidung rauszulegen. Er ist den ganzen Tag im Pyjama-Oberteil rumgelaufen.«

»Was haben da nur die Nachbarn gesagt?«

»Sie beglückwünschten ihn zu seinem neuen Holzfällerhemd.«

»Es ist ganz normal, dass man mal was vergisst«, beruhige ich sie. »Ich vergesse auch total oft etwas, nicht nur Badputzen. Auch mal Küche- und Wohnzimmerputzen. Oder meinen Haustürschlüssel. Der Mann vom Schlüsseldienst meinte kürzlich, mit meiner Vergesslichkeit habe er seiner Tochter das Studium finanziert.«

»Du meinst, *wir* haben ihr das Studium finanziert«, ruft mein Vater von hinten. »So wie deins. Hoffentlich hat sie wenigstens etwas Vernünftiges studiert.«

»Medizin, glaube ich.«

»Was ist bei uns in der Familie nur falsch gelaufen?« Mein Vater seufzt.

»Früher habe ich nie was vergessen«, unterbricht uns meine Mutter.

»Na ja, das stimmt nicht ganz. Einmal in den Neunzigerjahren habt ihr mich auf der Fahrt nach Italien auf einem Parkplatz vergessen.«

»Das war Absicht!«, ruft mein Vater.

»Vielleicht war es ja auch Absicht, dass du vergessen hast, das Bad zu putzen, Mama? Damit Papa auch mal was im Haushalt macht. Und beim Kleidung-Rauslegen auch! Damit er mal lernt, sich allein anzuziehen.«

»Ich kann allein meine Kleidung aussuchen!«, sagt mein Vater. »Ich ziehe einfach ein Holzfällerhemd an.«

»Jetzt fällt mir wieder ein, warum ich dich angerufen habe«, ruft meine Mutter erleichtert. »Wir wollen eine WG gründen.«

Ich bin verwirrt. »Was? Jetzt?«

»Nein, natürlich nicht *jetzt*, sondern erst später. Im Alter.«

»Ich will euch ja nicht zu nahe treten: In eurem Alter ist man jetzt ›im Alter‹.«

»Wir dachten da an eine Mehrgenerationen-Wohngemeinschaft. Da wohnt dann die ganze Familie!« Sie lässt eine Kunstpause. »Auch du, mein Sohn!«

Mir fällt das Telefon aus der Hand. Dann atme ich tief durch und hebe den Hörer wieder auf. »Ich ziehe mit euch in keine Mehrgenerationen-WG.«

»Es hat auch viele Vorteile, mit seinen Eltern zusammenzuwohnen. Wir könnten zum Beispiel auf die Enkelkinder aufpassen.«

»Mama, ich habe noch keine Kinder.«

»Enkelkinder wären natürlich wichtig, sonst ist es ja nur ein Zwei-Generationenhaus. Bei Schmidts gegenüber leben sogar vier Generationen unter einem Dach.«

»Ich habe Angst vor deinem WG-Putzplan«, sage ich. »Vor allem, wenn du jetzt immer *aus Versehen* vergisst, das Bad zu putzen. Gibt's nicht ein günstiges Seniorenheim für euch?«

»Wir haben dich früher auch nicht in ein Kinderheim abgeschoben, du Rabensohn!«, ruft mein Vater.

»Die andere Möglichkeit ist, dass du uns die Seniorenresidenz Zum goldenen Lebensabend bezahlst. Aber ich sag mal so: Der Name hält, was er verspricht. Die haben da sogar ein eigenes Schwimmbad mit Wellness-Oase und einen Golfplatz.«

»Seit wann spielt ihr denn Golf?«

»Vielleicht sind wir jetzt *im Alter* für Golf?«

»Wollt ihr nicht mit Tante Hilde und Onkel Hubert in eine Mehrgenerationen-WG ziehen? Die sind doch fast eine andere Generation.«

»Die sind drei Jahre jünger … Entscheide dich, Sohn: zahlen oder mitbewohnen!«

»Ach, ihr seid noch gar nicht in dem Alter für ein Seniorenheim. Sondern total jung!«

»Also doch! Du Schleimer«, ruft meine Mutter und legt auf.

Hoffentlich vergisst sie die Idee mit der Mehrgenerationen-WG schnell wieder, denke ich. Dann putze ich das Bad.

Der Klempner

Ich stehe in meinem Badezimmer und schaue dem Klempner zu, wie er den Abfluss am Waschbecken abmontiert. Mit seinen lehmverschmierten Schuhen hat er das ganze Bad wieder dreckig gemacht. Warum habe ich es bloß gestern geputzt? Warum treffe ich immer die falschen Entscheidungen? Wahrscheinlich ist es besser, einfach nichts zu machen. Eigentlich bin ich in meinem Leben mit dieser Einstellung bis jetzt sehr gut gefahren.

Während er am Abfluss zugange ist, raunt der Handwerker immer abwechselnd: »Nee, nee, nee!«, und: »Dit passende Ersatzteil dafür hab ick aba nicht dabei.«

Menschen, die berlinern, verunsichern mich. Als zugezogener Süddeutscher in Berlin werde ich nie dazugehören. Das erinnert mich an früher, als ich mich auf dem Schulhof zu den coolen Kiffern gestellt habe. Damals gehörte ich auch nicht dazu. Vor allem, weil ich erst neun Jahre alt war.

Ich beobachte weiter den Klempner, wie er stoisch irgendwas abschraubt. Warum kann man Handwerker nicht einfach arbeiten lassen und sich in den entgegengesetzten Winkel der Wohnung zurückziehen und ein bisschen Solitär spielen, bis sie fertig gewerkelt haben? Woher kommt mein seltsames Bedürfnis, ihnen bei ihrer Tätigkeit zuzuschauen, die ich nicht einmal im Ansatz verstehe?

»Nee, nee, nee!«, murmelt der Klempner wieder, schraubt aber trotzdem weiter.

Ich bewundere seine Arbeitshose und seinen aufwendig bestückten Werkzeuggürtel. Ich wünschte, solche Insignien der Arbeit gäbe es auch für Schriftsteller wie mich: *Seht her, ich ar-*

beite, *ich trage meine Schreibhandschuhe und meine Schreibhose mit den Taschen für Feder und Tintenfass.* Vielleicht würden meine Eltern meinen Beruf dann endlich ernst nehmen.

»Haben Sie das passende Ersatzteil nicht dabei?«, frage ich, weil der Klempner aufgehört hat zu schrauben und bewegungslos vor dem Waschbecken verharrt.

»Sag ick doch!«, ruft er.

Wir blicken uns schweigend an, dann klingelt zum Glück mein Telefon.

»Ich muss da mal rangehen, ist sehr wichtig«, entschuldige ich mich.

»Mama, es ist gerade schlecht«, flüstere ich in den Hörer. »Ich habe einen Handwerker im Haus.«

»Oje, was hast du denn jetzt wieder kaputt gemacht?«, ruft sie dafür umso lauter.

»Warum soll *ich* denn was kaputt gemacht haben? Der Abfluss im Waschbecken ist verstopft.«

»Das kann man doch selber machen«, ruft mein Vater von hinten.

»Ich nicht. Und ich will es auch nicht selber machen!«

»Dein Vater gibt nur an, er macht ja auch nichts selber.«

»Ich habe Rücken«, ruft er.

»Die Fensterrahmen könntest du trotzdem mal streichen!«, beschwert sich meine Mutter.

»Besser, als wenn ihr es wieder schwarz machen lasst.«

Mein Vater schnaubt beleidigt. »Die Fensterrahmen sind doch noch gut!«

»Habt ihr mich nur angerufen, damit ich euch beim Streiten zuhören kann?«

»Wir streiten nicht, wir diskutieren«, sagt mein Vater.

»Nein, wir streiten!«, ruft meine Mutter.

»Streitet ihr euch jetzt auch noch darüber, ob ihr euch streitet? Redet doch lieber über etwas, worüber ihr euch einig seid.«

»Vielleicht, dass ein Kind gereicht hätte?«, fragt meine Mutter.

»Übrigens sind das die zwei Vätersätze schlechthin«, ignoriere ich sie. »›Das kann man doch selber machen.‹ Und: ›Das ist doch noch gut.‹ Der zweite hebt auch den ersten auf.«

»Kommen Se mal bitte, Herr Lehmann«, ruft plötzlich der Klempner aus dem Badezimmer.

Meine Mutter kichert. »Es klingt einfach komisch, wenn dich jemand ›Herr‹ nennt.«

»Mama, immer behandelst du mich wie ein kleines Kind.«

»Ick unterbreche ja ungern dieses offensichtlich sehr wichtige Gespräch.« Der Klempner klopft mit seiner Rohrzange auf das Waschbecken. »Aba der Abfluss geht wieder. Allet fließt wie bei eenem jungen griechischen Gott, wenn er mal muss. Kennen Se in Ihrem fortgeschrittenen Alter wahrscheinlich och nich mehr, wa?« Er lacht sehr laut und schrill. Es klingt ein wenig wie das Geräusch, wenn ein Handwerker die Dielen abschleift.

Der Berliner Humor ist wirklich sehr eigen. Ich kann ihn immer noch nicht von einer herkömmlichen Beleidigung unterscheiden.

»Is denn bei Ihnen noch wat anderes kaputt?«, fragt er dann.

»Seine Zukunft«, ruft meine Mutter.

»Kannst du mal bitte aufhören mit diesen passiv-aggressiven Beleidigungen!«

»Was ist denn daran passiv? Du hast ja nichts gelernt. Und der Abfluss ist auch nur verstopft, weil du jetzt alt bist und deine Haare verlierst.«

»Ich habe keine Glatze!«, rufe ich empört.

»Dit is mir zu intim«, unterbricht uns der Handwerker.

»Auch in der Dusche fließt das Wasser nicht mehr richtig ab«, sage ich zum Klempner. »Vielleicht können Sie sich das auch noch angucken?«

Er macht sich am Abfluss der Dusche zu schaffen. Nach zwei Sekunden sagt er: »Also dit is doch noch jut.«

»Siehst du!«, ruft mein Vater.

»Papa, misch dich da jetzt nicht ein.«

»Ist das ihr ›SWR3‹-Kuli?«, fragt der Handwerker plötzlich, »der da im Abfluss steckt?«

»Also hast du es doch kaputt gemacht!«, ruft meine Mutter triumphierend. »Ich hab's dir doch gleich gesagt, Sebastian.«

»Dit ging janz schnell, Herr Lehmann. Dit hätten Sie auch selber machen können.«

»Das ist mein Mann!«, ruft mein Vater und legt auf.

»Jetzt hab ick gar keen Ersatzteil gebraucht«, sagt der Klempner zum Abschied.

»Nee, nee, nee«, murmle ich. »Dit is unglaublich.«

Der Klempner schaut mich verwundert an. »Sind Se Berliner? Oder warum berlinern Se plötzlich?«

»Nein, ich komme aus Freiburg.«

»Ick bin ja ooch aus Süddeutschland. Dit schöne Stuttgart is meene Jeburtsstadt«, sagt der Klempner und packt seine beeindruckenden Werkzeuge zusammen. »Aba die Leute fühlen sich immer wohler, wenn der Handwerker berlinert. Och, wenn es total falsch klingt.« Er lacht noch schriller als vorhin. Es hört sich an, als würde er mit einer Stichsäge ein Katzenbaby zerteilen.

Schließlich verschwindet er im Treppenhaus.

Dann überprüfe ich im Spiegel meinen Hinterkopf. Volles Haar. Wenn ich richtig kämme. Ich weiß gar nicht, was meine Mutter hat.

Die Freundin

Meine Freundin ruft aus meiner Heimatstadt Freiburg an.

Katharina ist gerade bei meinen Eltern zu Besuch. Sie ist beruflich für eine Fortbildung in Freiburg. Im Gegensatz zu meiner Arbeit als freischaffender Schriftsteller wird ihr Beruf sogar von meinen Eltern anerkannt. Sie ist Lehrerin. Habe ich jedenfalls meinen Eltern erzählt.

»Ich kann nicht lange mit dir sprechen«, sagt sie, »der Schweinebraten ist gleich fertig.«

»Ich dachte, du wolltest nur kurz zum Kaffee bei meinen Eltern vorbeischauen?«

»Seit ich dein Elternhaus betreten habe, besitze ich keinen eigenen Willen mehr. Wir haben schon die Dias von eurem Italien-Urlaub 1995 angeschaut. War sehr lustig, du sahst als Kind irgendwie aus wie ein Hobbit. Und deine Mutter hat mir ein altes Kleid von ihr aus den Achtzigerjahren geschenkt.«

»Das ist ja furchtbar! Tut mir total leid, dass du da durchmusst.«

»Ist voll hip, das Kleid. Und deine Mutter freut sich halt, dass du auch mal eine Frau abbekommen hast.«

»Was? Das hat sie gesagt?«

»Dein Vater findet mich ebenfalls sympathisch, weil ich ihm erzählt habe, wie viel Geld ich verdiene.«

»Der Braten ist fertig!«, ruft meine Mutter von hinten ins Telefon.

»Hast du ihr verschwiegen, dass du auch kein Fleisch isst?«, frage ich.

»Pscht«, macht meine Freundin. »Ich habe vorhin schon mit deinem Vater ein Schinkenbrötchen gegessen …«

»Sie ist die Tochter, die ich nie hatte«, ruft mein Vater.

»Kann ich auch mal kurz mit ihm sprechen?«, fragt meine Mutter.

Katharina gibt das Telefon weiter.

»Also, deine Freundin ist wirklich eine tolle Frau«, flüstert meine Mutter laut. Nur Mütter können ja so laut flüstern, dass es jeder hört. »Hätte ich dir gar nicht zugetraut, Sebastian.«

»Was soll denn das heißen?«

»Die davor war ja nicht so gut aussehend, da dachten wir, das wäre eher dein Niveau. Außerdem wird das für dich bestimmt immer schwieriger mit den Frauen. Jetzt mit deiner Halbglatze.«

»Willst du noch Nachschlag vom Schweinebraten?«, höre ich im Hintergrund meinen Vater meine Freundin fragen.

»Sebastian, versaue das bitte dieses Mal nicht«, sagt meine Mutter.

»Ich habe noch nie eine Beziehung versaut!«

Niemand reagiert, anscheinend hört mir keiner mehr zu.

»Habt ihr denn schon einen Termin für die Hochzeit?«, fragt mein Vater meine Freundin. »Dann könntest du als erfolgreiche Lehrerin unseren Sohn vielleicht auch finanziell unterstützen ...«

»Hallo? Es reicht! Hört sofort auf!«

Aber meine Eltern haben schon aufgelegt.

Langeweile

Ich sitze nachmittags auf der Couch im Wohnzimmer und mache wenig. So wenig, dass es schon an nichts grenzt. Katharina kommt erst morgen aus Freiburg zurück, und ich kann mich nur schlecht allein beschäftigen. Ich streichle mein Handy. Keine neuen Mails. Auch keine neuen Bilder auf Instagram. Niemand hat etwas Interessantes auf Facebook gepostet. Twitter ist leer. Auf Spiegel Online habe ich alle Artikel gelesen, sogar den Staubsaugerroboter-Test, obwohl ich schon einen Staubsaugerroboter besitze. Bei Solitär habe siebenunddreißigmal hintereinander verloren. Ich gähne.

Plötzlich eine neue Mail! Schnell lese ich sie. Sie ist von einem Investmentbanker aus Singapur. Ich antworte ausführlich, dass ich sehr an seinem Angebot interessiert bin. Das dauert leider nur vier Minuten. Dann ist mir wieder langweilig.

Was hat man eigentlich früher die ganze Zeit gemacht, als es noch kein Internet gab? Damals muss ich auch schon gelebt haben, aber ich kann mich an kaum etwas erinnern. War mir früher noch langweiliger?

In dieser grauen Vorzeit besaß man ja ein Gerät namens Fernseher. Es gab drei Programme, später auch ein paar mehr, auf denen zu einer bestimmten Uhrzeit irgendetwas gezeigt wurde, das einen nicht interessierte. Trotzdem hat man es geguckt, weil eben das Internet noch nicht erfunden war und man keine Wahl hatte. Manchmal überkommt mich allerdings das ungute Gefühl, dass ich auch im Internet fast nie etwas Interessantes anschaue – aber irgendwie finde ich das nicht so schlimm.

Ich schiele wieder zu meinem Handy. Meine Freunde kann ich zu dieser Nachmittagszeit nicht anrufen. Die arbeiten alle, schließlich haben sie im Gegensatz zu mir einen richtigen Job, bei dem man auch tagsüber beschäftigt ist. Ich öffne noch mal Instagram. Ein neues Bild. Jemand hat einen Quinoa-Spinat-Smoothie gepostet. Lecker. Ach, das ist nur Werbung.

Mir ist wirklich sehr, sehr langweilig. Ich sehe keinen anderen Ausweg mehr und rufe die einzigen Menschen in meinem entfernten Bekanntenkreis an, die mitten am Tag ebenfalls nichts zu tun haben. Weil sie Rentner sind.

»Die Lehmann-Residenz«, meldet sich meine Mutter nach ein paar Sekunden.

»Residenz?«, frage ich.

»Wer ist da?«

»Mama, ich bin's.«

»Wer?«

»Dein Sohn.«

»Ich habe zwei Söhne.«

»Sebastian.«

»Oh, schade.«

»Warum weißt du denn nicht, dass ich es bin?«, frage ich.

»Weil dein Name gar nicht auf dem Handy-Display steht.«

»Vielleicht erkennst du nach fast vierzig Jahren auch mal meine Stimme?«

»Manche Sachen vergisst man einfach gern«, ruft mein Vater von hinten.

»Fast vierzig stimmt übrigens nicht ganz«, sagt meine Mutter. »Du hast ja erst sehr spät begonnen zu sprechen.«

»Trotzdem, Mama!«

»›Trotzdem‹ ist kein Argument, Sebastian. Das solltest du in deinem Alter wissen. Außerdem: Warum steht eigentlich dein Name nicht auf dem Display?«

»Woher soll ich denn das wissen?«

»Du hast angerufen, dann ist es deine Schuld, wenn dein Name nicht draufsteht.«

»Liebe Mutter, so funktioniert das nicht, du musst meinen Namen zusammen mit meiner Telefonnummer einspeichern.«

»Aha. Steht dann auch *mein* Name auf deinem Display, wenn ich *dich* anrufe?«

»Ja, so ungefähr.«

»Wenn du mir eine SMS schreibst, steht da auch nicht, dass sie von dir ist«, beschwert sich meine Mutter weiter.

Warum habe ich sie bloß angerufen? War mir gerade wirklich so langweilig? Soll ich mir einen Fernseher zulegen, damit ich nicht wieder in so eine Verlegenheit gerate?

»Moment, da klopft jemand an«, sagt meine Mutter plötzlich. »Dein Bruder.«

»Ach, *den* habt ihr eingespeichert …«

Meine Mutter legt einfach auf.

Ich beschließe, mir einen Fernseher zu bestellen. Zum Glück gibt es noch welche. Ich vergleiche verschiedene Modelle. Schließlich kaufe einfach den größten, er ist fast so breit wie unser ganzes Wohnzimmer. Danach stellt sich ein befriedigendes Gefühl ein, heute etwas Sinnvolles geschafft zu haben.

Eine halbe Stunde später klingelt mein Handy. »GEFAHR! MUTTER! NICHT RANGEHEN!«, steht auf dem Display. Der Klingelton ist eine Sirene.

Ich lasse sie heulen.

Alles kaputt

»Falle ich eigentlich noch unter eure Haftpflichtversicherung?«, frage ich, als meine Mutter mal wieder anruft.

»Was hast du denn jetzt schon wieder kaputt gemacht, Sebastian?«

»Ich weiß wirklich nicht, wie dieser Kuli in den Abfluss gekommen ist«, sage ich.

»Jaja.« Meine Mutter stöhnt theatralisch auf. »Als Kind hast du auch schon sehr viel kaputt gemacht.«

»Unser Leben zum Beispiel«, ruft mein Vater von hinten und lacht.

»Jetzt ist es aber noch schlimmer. Ich habe Wasser auf den Laptop eines Freundes geschüttet.«

»Wasser?«, fragt meine Mutter.

»Na ja, Bier ...«, gebe ich zu.

»Der Laptop von einem Freund?«

»Na ja, meiner ...«

»Du musst wirklich besser mit deinen Sachen umgehen. Weißt du noch, als du mit fünf deinen Hamster Schnulle in die Waschmaschine gesteckt und auf Schleudern gedrückt hast?«

»Mama, fang bitte nicht schon wieder davon an.[3] Dieses dunkle Kapitel meiner Kindheit würde ich gern vergessen.«

---

3 Zur Vertiefung in diese Geschichte sei empfohlen: Sebastian Lehmann: *Mit deinem Bruder hatten wir ja Glück*, Goldmann 2018, S. 9.

»Wir überlegen, uns wieder ein Haustier zuzulegen. Aber lieber keinen Hamster«, sagt meine Mutter. »Seit du ausgezogen bist, ist es bei uns in der Wohnung so leer.«

»Mama, ich bin vor zwanzig Jahren ausgezogen.«

»Das kommt mir viel kürzer vor.«

»Wie du mussten wir uns erst von deiner Kindheit erholen«, sagt mein Vater. »Jetzt sind wir wieder so weit, uns jemanden ins Haus zu holen, der permanent Aufmerksamkeit braucht und Geld kostet.«

»Schön, dass ihr mich vermisst«, sage ich.

»Wir wissen noch nicht, ob Hund oder Katze«, sagt meine Mutter.

»Für Papa wäre ein Hund doch gut, dann hat er jemanden, den er rumkommandieren kann.«

»Ein Hund hört wenigstens …«, ruft er. »Und man kann ihn erziehen.«

»Das klingt ja toll!«, rufe ich. »Vielleicht hättet ihr euch, statt mich zu bekommen, gleich ein Haustier anschaffen sollen.«

»Dafür ist es jetzt ja leider zu spät«, ruft mein Vater.

»Ich könnte mir auch eine Katze vorstellen, das sind ja sehr saubere Tiere. Nicht so wie du damals in der Pubertät«, sagt meine Mutter.

»Oder einen Papagei, die sollen ja sehr intelligent sein. Fast schlauer als so mancher Sohn …«, ergänzt mein Vater.

»Wie wäre es mit einem Kaninchen?«, schlage ich vor. »Das hat wenigstens ein dickes Fell.«

»Ach, Sebastian, wir machen doch nur Spaß. Du bist viel besser als ein Haustier.«

»So ein schönes Kompliment hat mir noch nie jemand gemacht.«

»Und was ist jetzt mit deinem kaputten Laptop?«

»Ja, das ist blöd. Aber wir können ja vielleicht sagen, dass du das warst, Mama. Dann zahlt eure Versicherung.«

»Das ist Betrug!«, ruft sie. »Bei so was machen wir nicht mit.«

»Och, für irgendwas muss die teure Versicherung doch gut sein«, brummt mein Vater. »Beim Tod von Schnulle haben wir ja auch Ersatz von der Versicherung bekommen.«

»Was, wirklich?«, rufe ich entsetzt.

»Vielleicht solltest du auch mal ein paar eigene Versicherungen abschließen, Sebastian. Es geht ja immer viel schief bei dir.«

»Oder eine Lebensversicherung?«, schlägt mein Vater vor. »Da kannst du uns als Begünstigte eintragen. Falls dir mal etwas ... äh ... Schlimmes zustößt.«

»Etwas ›Schlimmes‹, Papa?«

»Na, Tod halt.«

»Ich dachte eher an eine Hausratversicherung«, sage ich.

»Wieso? Du besitzt doch gar nichts Wertvolles«, gibt meine Mutter zu bedenken.

»Doch! Den Laptop ...«

»Aber den hat ja deine Mutter kaputt gemacht«, ruft mein Vater.

»Das ist Betrug!«, ruft sie noch, bevor mein Vater schnell auflegt.

Steuern und Schokolade

»Hallo, Mama«, nuschle ich mit vollem Mund.

»Du bist auch den ganzen Tag nur am Essen«, ruft sie.

»Man wird doch mal zwei, drei Tafeln äh ... Stücke Schokolade essen dürfen.«

»Ein freudiger Versprecher ...«

»Schön, dass du dich freust, Mama, aber es heißt: ein freudscher Versprecher. Vielleicht war das wiederum ein freudscher Versprecher deinerseits.«

»Ich bin schon bei ›schön‹ ausgestiegen.«

»Ich habe ohnehin das Gefühl, dass du mir in letzter Zeit nicht mehr richtig zuhörst.«

»Sebastian, ich bin über siebzig. Ich beschäftige mich nur noch mit den wichtigen Dingen.«

»Sehr vernünftig. Gehört denn dein Sohn nicht zu diesen wichtigen Dingen? Oder bin ich dir etwa egal?«

»Jaja, genau ...«

»Hast du schon wieder nicht zugehört?«

»Doch, doch ...«

»Mama, was sind denn deiner Ansicht nach die wichtigen Dinge?«

»Heiratest du? Bekommst du ein Kind?«

»Nein, wir wollten noch etwas warten bis ...«

»Verdienst du endlich mal richtig Geld?«

»So kann man das jetzt nicht sagen, aber ich habe ein neues Buch geschrieben ...«

»Dann hätten wir das ja geklärt. Ist nichts Wichtiges passiert.«

»Nur du schaffst es, mit so wenigen Worten meine ganze Existenz infrage zu stellen.«

»Keine Hochzeit, nichts! Jetzt bist du schon so alt und lebst immer noch in wilder Ehe.«

»Na ja, so wild auch nicht mehr«, sage ich. »Wir sind immerhin schon sieben Jahre zusammen.«

»Außerdem ist Katharina so eine tolle Frau. Eine Lehrerin. Das ist für dich als freischaffender ... äh ... Dings wirklich eine gute Partie.«

»Warum sollen wir denn heiraten? Es geht doch auch so gut.«

»Trotzdem, Sebastian!«

»›Trotzdem‹ ist kein Argument, Mama. Das solltest du in deinem Alter wissen.«

»Ihr lebt in Sünde. Früher hätte man da nicht mal eine Wohnung bekommen.«

»Ich wohne ihn Berlin, da bekommt man auch verheiratet keine Wohnung mehr. Außer man ist sehr reich.«

»Das wird ja dann bei dir auch nichts«, ruft mein Vater von hinten.

»Ach, Papa, wie schön, du bist auch da.«

»Ich bin immer da. Wo soll ich denn schon hingehen?«

»Wie lange seid ihr denn jetzt schon verheiratet?«

»Ich glaube, wir hatten gerade Granit-Hochzeit«, sagt meine Mutter.

»Das ist ja hart. Wusste ich gar nicht, dass es das auch gibt«, sage ich. »Aber, liebe Eltern, ich muss aufhören, ich sitze heute schon den ganzen Tag an meiner Steuererklärung und muss dringend die Aufstellung meiner Betriebskosten fertig machen.«

Stille.

»Mama? Hallo? Das war jetzt auch nicht wichtig, oder wie?«

»Was sollen denn bitte bei dir Betriebskosten sein?«, fragt mein Vater. »Du hast ja nicht mal einen Betrieb.«

»Zum Beispiel mein Arbeitszimmer.«

»Zahlt nicht deine Freundin eure Wohnung?«, fragt er.

»Der Arbeitsbereich unserer Wohnung umfasst einundsiebzig Quadratmeter. Die restlichen neun Quadratmeter reichen uns zum Leben. Die Telefonrechnung kann ich ebenfalls als Betriebskosten abrechnen. Ohne unsere Telefonate wäre ich ja arbeitslos.«

»Wenn du so sehr aufs Geld achtest, dann kannst du ja auch heiraten, da sparst du Steuern.« Meine Mutter ist wieder da. Anscheinend findet sie das wichtig.

»Da müsste er ja erst mal was verdienen, damit er Steuern zahlen kann!«, ruft mein Vater.

»Wir heiraten nicht«, sage ich. »Es gibt da zu viele negative Beispiele in unserem ... äh ... näheren Bekanntenkreis.«

»Unsere Ehe ist sehr glücklich und unzerbrechlich wie Granit!«, sagt meine Mutter.

»Und was wir alles an Steuern sparen!«, ruft mein Vater. »Das hat sich wirklich gelohnt.«

»Wie romantisch!« Ich lege auf, gehe in die Küche und hole mir zwei, drei neue Tafeln Schokolade.

Leichen im Keller

Ich sitze vor meinem neuen Fernseher und esse ganz wenig Schokolade. Dabei versuche ich, einen Rekord aufzustellen, durch möglichst viele Programme innerhalb von einer Minute zu zappen. Wenn man dabei besonders schnell ist, verschwimmen die Sendungen auf den unterschiedlichen Kanälen zu einem ganz neuen Film. Vielleicht ist das sogar Kunst, überlege ich. Mediennutzung als Readymade des Spätkapitalismus.

Man könnte auch sagen, mir ist wieder langweilig.

Mein Handy klingelt.

Ich stelle den Fernseher auf stumm, und meine Mutter ruft ohne Begrüßung: »Wir räumen gerade den Keller auf. Du glaubst nicht, was sich über die Jahre alles angesammelt hat.«

»Hoffentlich keine Leichen.« Ich lache.

Meine Mutter lacht nicht. »Bis jetzt haben wir noch keine Mumie gefunden.«

»Mama, das war ein Witz!«

»Ich weiß«, sagt sie trocken.

»Hast du mich etwa gerade verarscht?«, frage ich.

Meine Mutter räuspert sich. »Nein, nein, so was würde ich doch nie tun.«

Ich schalte den Fernsehapparat aus und frage meine Mutter, warum sie mich angerufen hat.

Eigentlich wollte ich diese Frage nicht mehr stellen. Mütter brauchen keine Gründe, ihre Kinder anzurufen, beziehungsweise finden sie immer einen Grund.

Hier die Top fünf der Gründe, warum Mütter ihre Kinder anrufen:

1. »Da ist so eine E-Mail gekommen.«
2. »Ich wollte nur mal hören.«
3. »Vorhin habe ich den Dings getroffen. War der nicht mit dir im Kindergarten?«
4. »Ich soll dir von deinem Vater ausrichten, dass du ihn auf seinem Handy anrufen sollst.«
5. »Ich wollte dich nicht anrufen, ich bin nur auf eine Taste gekommen.«

»Wir haben im Keller auch ein paar alte Sachen von dir gefunden«, sagt meine Mutter jetzt. »Was sollen wir damit machen?« Ausnahmsweise gar kein so schlechter Grund. »Nicht wegschmeißen! An den Sachen hängen so viele schöne Erinnerungen aus meiner Kindheit.«

»Vielleicht für dich«, ruft mein Vater von hinten. »Für uns ist das Entsorgen eine Art Therapie.«

»Aber wenn ihr gerade am Ausmisten seid. Habt ihr noch irgendwo meine Geburtsurkunde. Ich bräuchte die mal.«

»Die haben wir nicht gesehen«, sagt meine Mutter. »Aber dafür deine alte E-Gitarre. Die kann weg, oder?«

»Auf gar keinen Fall! Die brauche ich vielleicht noch.«

»Sebastian, mit achtunddreißig ist es wirklich zu spät, noch Rockstar zu werden.«

»Zerstöre nicht alle meine Träume.«

»Du hast ja auch alle unsere Träume zerstört«, sagt mein Vater resigniert.

»Das ausgewaschene SC-Freiburg-Trikot von 1994 haben wir weggeschmissen.«

»Das ist okay, mit dem Traum auf eine Profikarriere als Fußballer habe ich schon vor zwei Jahren abgeschlossen.«

»Und deine Modelleisenbahn ist verkauft.«

»Oh nein! Mit der haben Papa und ich so schön zusammen gespielt. Das trage ich auf ewig in meinem Herzen.«

»Hat zwanzig Euro gebracht, wollten wir dir überweisen.«

»Ach so, dann ist gut!«

»Es gibt auch ein Karton mit deinen äh … Kunstwerken aus dem Kindergarten«, sagt meine Mutter.

»Und? War ich talentiert?«

»Als Mutter findet man ja alles gut, was der Sohn macht – auch wenn's schlecht ist.«

»Ein Problem, das ich als Vater nicht habe«, wirft mein Vater ein. »Ganz im Gegenteil.«

»Mama, das ist ja traurig«, ignoriere ich ihn. »Wie kann ich es denn dann heute verstehen, wenn du sagst, dass du meine Bücher gut findest?«

»So wie früher, als du mir den siebten Aschenbecher getöpfert und zum Muttertag geschenkt hast, obwohl ich nicht rauche …«

»Das waren keine Aschenbecher, sondern Blumenvasen«, sage ich. »Und eine Urne habe dir auch mal getöpfert.«

»Vielleicht ist da die Leiche drin.«

Ich muss lachen. »Mama, das war erstaunlich witzig!«

»Basteln und malen lagen dir als Kind wirklich gar nicht, Sebastian. Bei den meisten Gebilden konnten wir nicht mehr sagen, was sie darstellen sollten.«

»Moderne Kunst!«

»Früher hast du die Menschen immer ohne Arme und nur mit einem Auge gezeichnet.«

»Picasso!«, deklamiere ich. »Vielleicht wird aus mir ein bedeutender Maler, wenn ich schon kein Rockstar werde. Das geht ja auch noch mit über vierzig.«

»Die Kindergärtnerin meinte eher, dass du vielleicht traumatisiert warst.«

»Oder eben dumm«, ruft mein Vater.

»Aber das hat sich zum Glück verwachsen.«

»Das hört sich ja furchtbar an«, sage ich. »So ein schlimmes Kind war ich nicht.«

»Es gab auch schöne Zeiten damals. Zum Beispiel die zwei Wochen, als du alleine mit der Oma in Urlaub gefahren bist.«

»Nächste Weihnachten bastle ich euch mal wieder was. Vielleicht ein Mobile … aus Kartoffeln.«

»Da freue ich mich aber«, sagt meine Mutter. »Ich kann ja nicht anders.«

»Ich schon!«, ruft mein Vater und legt auf.

Meine Kinderzeit

Ich hatte eine glückliche Kindheit. Außer natürlich, als Hamster Schnulle in die Waschmaschine geriet.

Dass meine Kindheit glücklich war, behaupten jedenfalls meine Eltern. Sie müssen es wissen, denn sie waren die meiste Zeit dabei. Außer in den zwei Wochen Urlaub mit Oma. Und als ich bei Hertie in der Schuh- und Seidenstrümpfe-Abteilung verloren ging. Mindestens fünf Stunden irrte ich auf der Suche nach meiner Mutter in dem riesigen Kaufhaus umher. Atmete scharfen Parfümduft im Erdgeschoss ein, legte mich im zweiten Stock heimlich in riesige Koffer, ließ mir in der Lebensmittelabteilung Gesichtswurst vom netten Metzger reichen, bis ich schließlich bei den Spielwaren zwischen den Regalen einschlief. Dort fand mich meine aufgelöste Mutter. Sie meinte allerdings, sie hätte mich maximal zehn Minuten aus den Augen verloren.

Als Kind wollte ich möglichst schnell erwachsen werden. Ich wusste ja nicht, was da auf mich zukommt. Als Erwachsener schien man viele Privilegien zu besitzen. Man durfte allein ins Kaufhaus und alles erwerben, was man wollte. Also Schokolade, Cola-Kracher und Gummibärchen. Ich konnte mir nicht vorstellen, dass jemand irgendetwas anderes vom Leben erwartete. Als Erwachsener durfte man auch nach achtzehn Uhr noch Cola trinken. Überhaupt durfte man so viel Cola und Fanta und Spezi trinken, wie man wollte. Offenbar hing das meiste, was Erwachsene durften, mit Zucker zusammen. Vielleicht lässt sich meine Kindheit so zusammenfassen: Ich wollte Zucker!

Und länger wach bleiben. Ich vermutete, nach einundzwanzig Uhr liefen die richtig tollen Sachen im Fernsehen. Doch dann, als ich nach meinem achtzehnten Geburtstag endlich erst um 22:30 Uhr ins Bett musste, merkte ich: Keine politische Talkshow, kein Thriller, kein Softsexfilm auf RTL2 reichten an *Raumschiff Enterprise* heran – und das lief schon um fünfzehn Uhr. Überhaupt wollte ich als Kind nie ins Bett. Schlich ich mich nachts zurück ins Wohnzimmer, schnarchte da allerdings nur mein Vater vor dem Fernseher, wo tatsächlich die Wiederholung der nachmittäglichen Folge *Enterprise* lief.

Schon die Grundschule weckte in mir falsche Hoffnungen. Im Kindergarten freute ich mich total auf den Tag der Einschulung. Gleich am ersten Tag in der Schule stellte ich allerdings ernüchtert fest: So schön wie im Kindergarten wird es im ganzen Leben nicht mehr werden. Die Lehrerin wollte, dass ich still sitze und aufpasse – und nicht meine Mitschüler mit Süßigkeiten aus meiner Schultüte bewarf.

»Ich hab's dir doch gleich gesagt, Sebastian«, rief meine Mutter.

Hätte ich damals gewusst, was auf mich zukommt, hätte ich das mit der Schule nicht gemacht.

»Und? Kleiner Sebastian? Wo siehst du dich in fünf Jahren?«

»Im Kindergarten. Gruppe Hase. In der Ecke mit den Bauklötzchen.«

Ich habe es als kleines Kind gar nicht wertschätzen können, ein Kind zu sein. Kinder halten es einfach für selbstverständlich, dass sich alle immer um sie kümmern. Wenn man als Erwachsener permanente Aufmerksamkeit will, muss man schon Querdenker werden. Oder Friedrich Merz.

Kinder müssen ständig unterhalten werden. Gerne wirft man aus diesem Zweck Babys in die Luft.[4] Ein Baby hat schlechte

---

4 Also nur so angedeutet werfen. Wichtig: Werfen Sie Ihr Baby nicht wirklich in die Luft. Überschätzen Sie nicht Ihre Fähigkeiten als Fänger. Ihr Baby ist kein Ball. Sie sind nicht Manuel Neuer.

Laune, man wirft es ein wenig in die Luft, es lacht und hat wieder gute Laune. Natürlich. Ich hätte auch sofort gute Laune, wenn mich jemand in die Luft werfen würde … Leider wirft einen niemand mehr in die Luft, wenn man achtunddreißig Jahre alt ist. Außer man ist Akrobat. Oder Funkenmariechen. Aber dafür ist es mit achtunddreißig wahrscheinlich auch schon zu spät.

Ich hätte damals wirklich im Kindergarten bleiben sollen.

Im Kindergarten lautete mein Berufswunsch übrigens Superheld. Die anderen wollten so schnöde Sachen werden wie Lokomotivführerin oder Creative-Consultant-Manager im Bereich Business-Network-Marketing. Leider besaß ich keinerlei Superkräfte.

Ich war ein eher schmächtiges Kind, hatte Asthma und reagierte auf alles allergisch, was nur entfernt an Natur erinnerte. Ein großer Nachteil in meiner Kindheit, denn das Haus, in dem ich aufwuchs, verfügte über einen großen, grünen Garten zum Spielen. Das Haus meiner Kindheit und Jugend gefiel mir ohnehin gut. Es sah aus, wie man sich ein klassisches Haus vorstellt. Als hätte der Architekt als Plan dieses Kinderspiel gezeichnet, bei dem man den Stift nicht absetzen muss, um ein klassisches Haus zu malen. Mit spitzem Giebeldach, darunter das fast quadratische Wohnhaus, jeweils zwei oder drei Fenster pro Stockwerk. Allerdings lebte der Architekt wohl sein Burgfaible an unserem Haus aus und baute eine Wendeltreppe an eine Seite des Gebäudes und eine Art Turm mit Dach darüber. Er ließ seltsame, ans Mittelalter gemahnende Fenster einsetzen, die das Treppenhaus düster erschienen ließen wie eine gotische Kathedrale.

Also spielte ich im Treppenhaus Ritter, und manchmal kletterte ich bis in den dritten Stock, öffnete eins der Fenster und ließ meine Haare hinab, auf dass mich eine holde Prinzessin rettete. Doch leider trug ich damals eine kurze Igel-Frisur (die

Achtziger!), und meine Haare reichten nur drei Zentimeter die Hauswand hinunter, und niemand kam, um mich zu retten.

Man musste mich auch nicht retten, ich hatte ja eine schöne Kindheit. Enttäuscht war ich trotzdem. Eine Prinzessin hätte bestimmt Zugriff auf unbegrenzte Mengen Süßigkeiten und Cola.

Meine Kinderzeit endete abrupt. Ich stand nach dem Sportunterricht in der Gemeinschaftsdusche. Plötzlich lachten die anderen Kinder laut und zeigten auf mein – wie wir es damals frivol nannten – »maskulines Geschlechtsorgan«. Ein einsames, dunkelbraunes, erstaunlich langes und borstiges Haar umspielte es sanft.

Die Pubertät hatte begonnen. Dabei war ich erst acht.

Ich hatte eine schlimme Pubertät.

Das sagen jedenfalls meine Eltern. Obwohl sie die meiste Zeit nicht dabei waren.

Doch das ist eine andere Geschichte.

Die Drei

Ich rufe wieder meine Mutter in meiner Heimatstadt Freiburg an.

Mir ist heute zwar nicht langweilig, aber ich muss mit meinen Eltern ein sehr dringendes Thema besprechen. Bei meiner Steuererklärung sind mir nämlich bestimmte Defizite aufgefallen.

»Hier ist der Anschluss Ihrer Mutter«, sagt eine tonlose Stimme, die verdächtig wie die meiner Mutter klingt. »Wenn Sie fragen wollen, wie es ihr geht, dann drücken Sie die Eins. Wenn Sie einen Besuch ankündigen wollen, dann drücken Sie die Zwei …«

»Mama, was soll denn das? Ich höre doch, dass du das bist.«

»Wenn Sie mal wieder Geld brauchen, dann drücken Sie die Drei.«

»Das ist doch albern«, rufe ich und halte kurz inne.

Dann drücke ich die Drei.

»Wenn Sie einen Betrag unter fünfzig Euro wünschen, dann drücken Sie die Eins. Wenn Sie einen Betrag unter zwanzig Euro wünschen, dann …«

»Und was mache ich, wenn ich über fünfzig Euro brauche?«, unterbreche ich sie. »Das ist jetzt echt suboptimal, der neue Fernseher war echt teuer.«

»Wenn Sie wünschen, mit einem Sachbearbeiter zu sprechen, dann drücken Sie die Drei.«

Ich drücke wieder die Drei.

»Bitte haben Sie einen Moment Geduld. Alle Sachbearbeiter sind zurzeit besetzt.«

»Das kann doch jetzt nicht sein.«

Eine tiefe Stimme meldet sich. »Hallo?«

»Papa?«

Stille.

»Papa, bist du das?«

»Nein!«

»Ich hör doch, dass das du bist«, sage ich.

»Das Gespräch wird zur Übungszwecken aufgezeichnet«, sagt die tiefe Stimme. »Was kann ich für Sie tun?«

»Ach, Papa, ich habe gerade einen Engpass. Vielleicht könntest du mir so fünfhundert Euro überweisen?«

»Eingabe nicht verstanden. Bitte sprechen Sie langsam.«

»Du verlangst das jetzt nicht wirklich von mir, oder?«

»Eingabe nicht verstanden. Bitte sprechen Sie langsam.«

Ich hole tief Luft: »Füüüüünfhuuuuundeeert Euroooo ...«

»Sie wollen also fünf Euro überwiesen haben.«

»Papa! Nein!«

»Vielen Dank für Ihren Anruf und auf Wiedersehen.«

Er legt auf.

Krank

Ich huste sofort, als sich meine Mutter meldet.

»Oh, Sebastian, bist du krank?«, fragt sie.

»Ja, Mama, mir geht's sehr, sehr schlecht. Ich habe Fieber. 37,2.«

»Oje, mein Armer. Hast du einen Corona-Test gemacht?«

»Siebzehn. Waren alle negativ.«

»Dein Vater hat sich auch einen Männerschnupfen eingefangen.«

Ich höre im Hintergrund meinen Vater ausgiebig schniefen und niesen.

»War er schon beim Arzt?«, frage ich.

»Ja, wir sind gerade zurückgekommen«, sagt meine Mutter.

»Davor war ich das letzte Mal 1967 beim Arzt«, unterbricht mein Vater sie stolz. »Da mussten meine Mandeln raus.«

»Wenn Papa zum Arzt geht, muss er dieses Mal wirklich schlimm krank sein. Fast so krank wie ich. Als er sich letztes Jahr im Garten mit der Kettensäge in den Unterarm gesägt hat, war er auch nicht im Krankenhaus.«

»Wegen so einer kleinen Fleischwunde warte ich doch nicht zwei Stunden in der Notaufnahme«, sagt mein Vater. »Das konnte genauso gut deine Mutter zusammennähen.«

»Ist auch nicht anders als Sockenstopfen.«

»Und was hat der Arzt jetzt diagnostiziert?«

»Eine leichte Mandelentzündung.«

»Aber ich dachte, du hast seit 1967 gar keine Mandeln mehr.«

Mein Vater stutzt. »Seltsam. Habe ich die etwa doch noch? Dann muss ich 1945 zum letzten Mal beim Arzt gewesen sein.«

»Papa, da bist du geboren.«

»Ja, ich glaube, da war ein Arzt dabei«, sagt mein Vater und niest noch mal.

Dann höre ich ein lautes Trompetengeräusch. Anscheinend putzt er sich die Nase. Ich versuche, ihn mit einem Hustenanfall zu übertönen.

»Vielleicht solltest du auch einen Arzt rufen, Sebastian?«, fragt meine Mutter genervt.

»Ach, ich glaube nicht, dass der noch was machen kann.«

»Du bist erkältet, du stirbst nicht.«

»Nicht mal meine eigene Mutter bemitleidet mich«, klage ich.

»Ach, ich bin da abgehärtet, du warst als Kind einfach oft krank. Vor allem, wenn du am nächsten Tag eine Matheklausur schreiben musstest.«

»Jetzt bin ich aber wirklich sehr krank. Ich habe tatsächlich schon einen Arzt angerufen, aber der meinte, dass es bis zu drei Stunden dauert, bis er kommt. Dann ist es wahrscheinlich eh schon zu spät …«

»Du meinst, du bist dann schon wieder gesund?«

Ich falle in Ohnmacht. Also, fast. Ich schließe eigentlich nur meine Augen. Und ich liege ja eh schon im Bett. Dabei sage ich: »Ohhhhh.«

»Sebastian, bist du noch dran?«

Als Antwort ziehe ich erst mal den Schleim in meiner Nase hoch. Mein Vater niest anerkennend.

Meine Mutter stöhnt auf. »Es ist einfach schön, mit zwei so starken Männern in der Familie. Kann ich irgendetwas machen, dass es dir besser geht, Sohnemann?«

»Du könntest mir eine Entschuldigung schreiben«, sage ich. »Fürs Finanzamt, da muss ich morgen nämlich endgültig meine Steuererklärung abgeben.«

»Bist du immer noch nicht fertig?«, fragt mein Vater. »So viel kann das bei dir doch nicht sein …«

»Du simulierst also wieder, Sebastian!«, ruft meine Mutter empört und legt auf.

Eine Stunde später klingelt der Arzt. Als ich die Tür öffne, huste ich sehr laut. Der Arzt ist bestimmt einfacher zu überzeugen als meine Mutter.

Vater ruft an

Mein Vater ruft aus meiner Heimatstadt Freiburg an. Erstaunt schaue ich mein Telefon an. Mein Vater ruft mich sonst nie an. Ich habe ihn überhaupt noch nie jemanden anrufen sehen. Schon gar nicht mit seinem Handy, einem alten Nokia von 2004. Selbst seine inzwischen nur noch seltenen Termine koordiniert meine Mutter. Sie wählt, begrüßt den Gesprächspartner am anderen Ende der Leitung und sagt dann, bevor sie den Hörer an meinen Vater weiterreicht: »Mein Mann würde Sie gern sprechen.«

Es besitzt also äußersten Seltenheitswert, die Wörter »GE-FAHR! VATER!« auf meinem Telefon aufblinken zu sehen.

»Hallo, Papa. Geht's dir wieder besser? Ich habe mich erstaunlicherweise schnell wieder von meiner schlimmen Krankheit erholt.«

Stille.

»Hallo? Hörst du mich? Gerade habe ich aber leider keine Zeit. Ich bin am Arbeiten, kann ich dich vielleicht später zurückrufen?«

»Wer sind Sie?«, fragt er.

»Dein Sohn! Das musst du doch wissen, schließlich hast du mich gerade angerufen.«

»Sie können nicht mein Sohn sein«, sagt mein Vater empört.

»Sie haben doch gerade gesagt, dass Sie arbeiten.«

»Lustig, Papa. Immer wieder diese einfallsreichen Witze auf meine Kosten. Aber warum hast du jetzt angerufen?«

Plötzlich bricht die Verbindung ab. Ein paar Sekunden später klingelt mein Handy erneut. Ich gehe ran.

»Wer ist da?«, fragt mein Vater wieder.

»Wen hast du denn wohl gerade ein zweites Mal angerufen?«

»Ich habe niemanden angerufen.«

»Doch mich, verdammt!«

»Wen?«

»Sebastian.«

»Ich bin nicht Sebastian, sondern sein Vater.«

Er legt einfach auf. Ich starre eine Minute erschöpft mein Telefon an, dann klingelt es schon wieder. Es ist zum Glück meine Mutter. Selten habe ich mich so über einen Anruf von ihr gefreut.

»Mama, was ist denn mit Papa los? Er ruft mich die ganze Zeit an.«

»Er hat ein neues Telefon«, sagt sie genervt. »Es ist furchtbar, seit Stunden tippt er darauf herum. Als er versucht hat, eine Fußball-App runterzuladen, hat er aus Versehen ein vierjähriges Kicker-Abo abgeschlossen. Vorhin hat er sogar bei der Hotline der Wetter-App angerufen und sich beschwert, dass es heute gar nicht regnet, obwohl sie das gestern gesagt hätten.«

»Jetzt ist es kaputt. Alles ist schwarz«, ruft mein Vater von hinten. »Scheiß Ding! Ich will mein Geld zurück.«

»Nein, du hast es nur ausgemacht«, sagt meine Mutter zu ihm. »Schau, wenn du es wieder anmachen willst, dann musst du hier drücken. Ich zeig dir das mal an meinem Handy.«

Es raschelt laut, dann bricht die Verbindung ab.

Ich schlage mit dem Kopf auf meinen Schreibtisch.

Dann bekomme ich eine SMS von meinem Vater. Sie lautet: »Ich kenne Sie nicht. Rufen Sie mich bitte nie wieder an.«

Ich schreibe nur ein Wort zurück: »Okay.«

Eine halbe Stunde lang sitze ich auf meinem Sofa und starre aus dem Fenster. Alle Energie ist aus mir verschwunden, als hätte man bei einem Luftballon die Luft herausgelassen. Ich fühle mich verschrumpelt.

Schließlich atme ich tief ein und setze mich an den Schreibtisch. Langsam geht es wieder. Ich klappe den Laptop auf und will gerade anfangen zu schreiben, als das Telefon klingelt. Wieder meine Mutter.

»Nein«, sage ich zu mir selbst. »Du musst jetzt arbeiten, Sebastian. Du kannst jetzt nicht schon wieder mit deinen Eltern telefonieren.«

Dann gehe ich ran. Ich muss ja. Als guter Sohn.

»Hallo, Sebastian«, sagt mein Vater.

Ich erschrecke mich wieder.

»Warum rufst du mich mit dem Handy von Mama an?«

»Ich hab jetzt auch ein Smartphone«, sagt er stolz.

»Ich weiß, du hast mich vorhin schon ein paarmal angerufen. Du erinnerst dich?«

»Ach, das warst du?«

»Ja, Papa.«

»Ich hab das Smartphone wegen des digitalen Impfausweises.«

»Nimm doch einfach den aus Papier, Papa.«

»Das ist doch digital viel besser. Wenn man mal in ein Risikogebiet muss.«

»Warum müsst ihr denn in ein Risikogebiet?«

»Nach Berlin!«, ruft meine Mutter von hinten ins Telefon.

»Berlin ist kein Risikogebiet!«

»Die wollten uns ausrauben.«

»Mama, das waren Fahrkartenkontrolleure. Und ihr hattet kein Ticket. Deswegen wollten die sechzig Euro.«

»Und auch sonst ist das praktisch mit so einem Smartphone«, sagt mein Vater.

»Aha. Warum rufst du mich denn nicht einfach wieder mit deinem neuen tollen Smartphone an?«

»Geht nicht mehr. Wenn ich es anschalte, soll ich einen PIN eingeben«

»Und wie lautet der?«

»Der ist dein Geburtstag. Deswegen rufe ich auch an.«

»Hast du etwa mein Geburtsdatum vergessen?«

»Deine Geburt ist ja auch schon lange her.«

Ich sage meinem Vater mein Geburtsdatum.

»Funktioniert immer noch nicht. Dann war's doch der Geburtstag von deinem Bruder.«

Ich höre, wie er was eintippt. »Ja, jetzt geht's.«

Er legt auf.

Französisch für Anfänger

Mein Handy heult. Ich sollte dringend den Klingelton ändern. Das ist doch zu nervig.

»Bonjour, mon fils«, sagt meine Mutter, als ich abhebe. »Comment ça va?«

»Ja, Mama, mir geht's gut. Dir auch?«

»Oui, Sebastien. Je suis formidable.«

»Warum redest du denn jetzt französisch?«

»Ton père et moi faisons un cours de français à la Volkshochschule«, sagt sie. »Französisch für Eltern.«

»Euer Englischkurs hat nicht gereicht?«

»Non! Je ne regrette rien.«

»Das habe ich zwar nicht gefragt, aber es freut mich trotzdem.«

»Je voudrais une baguette, s'il vous plaît.«

»Ihr seid aber noch nicht gerade weit«, sage ich. »Das verstehe sogar ich mit meinen zwei Jahren Französisch-AG in der Grundschule.«

»Comment tu t'appelles, Sebastien?«

»Diese Frage ergibt überhaupt keinen Sinn, Mama.«

»Allez les bleus!«, ruft mein Vater von hinten.

»Toll, Papa. Wo hast du das nur gelernt?«

»Voulez-vous coucher avec moi?« Er kichert. »Ce soir?«

»Papa, es reicht!«

»Voyage, voyage.«

»Je ne comprends pas, mes parents«, sage ich.

»Was?«, ruft meine Mutter.

»Genau.«

»Das hatten wir noch nicht.«

»Ich lege jetzt auf!«, rufe ich.

»Comment te dire adieu?«, fragt meine Mutter.

»Tschüss.«

»Warte mal, Sebastian ...«

»Was ist denn noch?«

»Stören wir dich gerade?«

»Meinst du das jetzt ironisch?«, frage ich.

»Stimmt, wobei sollten wir mon fils schon stören? Beim Arbeiten wohl kaum.«

»Hallo, ich sitze am Schreibtisch«, sage ich.

Ich habe sogar meine Schreibhose an. Manche würde sie vielleicht auch als Jogginghose bezeichnen.

»Ich wollte dich fragen, ob du für den siebzigsten Geburtstag von Onkel Heiner ein Gedicht schreiben könntest. Dein Vater und ich tragen das dann vor.«

»Pourqoui moi?«, frage ich.

»Du machst doch was mit Schreiben«, sagt meine Mutter. »Dann hat das wenigstens auch mal einen Nutzen.«

»Du meinst so was wie: Kaum zu glauben, aber wahr, / der Heiner wird heut siebzig Jahr?«

»Nicht so schnell, Sebastian, ich muss mitschreiben.«

»Der alte Heiner / war ein ganz Feiner«, reime ich auf absolutem Höchstniveau. Vielleicht sollte ich mal einen Gedichtband veröffentlichen.

»Und jetzt stoßen wir auf sein Wohl an, / wer weiß, wie lange er noch kann.«

»Das können wir doch so nicht vortragen.«

»Ich fand's lustig«, ruft mein Vater.

»Alles Gute zum Geburtstag, / als Geschenk gibt's einen schönen Sarg.«

»Sehr gut.« Mein Vater lacht laut. »Er hat doch Talent.«

»Heute lassen wir es noch mal krachen derbe, / und morgen bekommen wir dann dein Erbe.«

»Au revoir«, ruft meine Mutter.

»Oder auf Französisch: Oncle Heiner est vieux / buvons un peu.«

»Sebastian, es reicht jetzt! Wir wollen dich nicht länger stören.«

»Ihr stört gar nicht«, sage ich, aber meine Mutter hat schon aufgelegt.

Andere Kinder haben auch schöne Eltern

Es gibt ja nicht nur die eigenen Eltern, sondern auch andere Eltern. Schwiegereltern zum Beispiel. Dazu später mehr.

Im Alltag trifft man selbstverständlich häufig Eltern, die nicht die eigenen sind. Ich beobachte dann gerne, wie sie mit ihren Kindern umgehen. Also *echten* Kindern, solchen, die anders als ich noch nicht erwachsen sind. Obwohl wie gesagt gilt: Ein Kind seiner Eltern bleibt man das ganze Leben lang.

Aber echte Kinder, also kleine, noch nicht von der schlimmen Welt korrumpierte Menschen, beunruhigen mich. Denn sie sind so entwaffnend ehrlich im Umgang mit Erwachsenen. Sie sagen immer die Wahrheit.

So, wie kürzlich im Supermarkt. Hinter mir in der Schlange an der Kasse wartet eine Mutter mit ihrer Tochter. Im Arm hält sie fest umschlossen einen schon leicht ranzigen Plüsch-Eisbär und trägt eine Mütze mit kleinen Öhrchen. Also die Tochter, nicht die Mutter. Sie schaut mich mit großen, neugierigen Augen an.

Ich lächle das Kind an, dann hieve ich meine Einkäufe direkt vor ihr aufs Band: fünf Sixpack Bier, zehn Flaschen Wein – und eine Kiwi. Man muss ja auch an seine Gesundheit denken.

»Schau mal«, sagt das niedliche Mädchen laut zu seiner Mutter und deutet mit dem ausgestreckten Zeigefinger auf mich: »Der Mann kauft nur Bier und Wein. Der ist bestimmt Aloholiker.«

Die Mutter macht Zischlaute, um ihre Tochter zum Schweigen zu bringen.

»Ein Aloholiker! Ein Aloholiker! Ein Aloholiker!«, singt das Kind und tanzt fröhlich um mich herum.

Die anderen Leute in der Schlange starren mich missbilligend an. Eine ältere Dame wirft mir sogar ein Snickers an den Kopf.

»Ich veranstalte eine Geburtstagsparty«, versuche ich, mich rauszureden.

»Ein Aloholiker«, ruft das Mädchen. »So wie Papa!«

Andere Kinder haben doch nicht so schöne Eltern.

Dann fragt mich die Kassiererin, ob ich überhaupt schon achtzehn bin. Ich schäme mich so, dass ich den Kopf schüttle und nur mit der einzelnen Kiwi den Supermarkt verlasse.

Die anderen, nicht so schönen Eltern wie meine haben oft auch andere Erziehungsmethoden. Dann beunruhigen mich eher die Eltern als die Kinder. So wie vor zwei Wochen, als ich zusammen mit meiner Freundin eine Kita besichtigt habe.

Ich bin etwas nervös, weil ich nicht weiß, was mich erwartet. Als ich das letzte Mal eine Kita betreten habe, war ich sechs Jahre alt.

Der Erzieher fragt uns als Erstes, wie alt unser Kind denn sei.

»Ach, wir haben noch gar kein Kind.« Ich lache verlegen. »Wir sind ja noch total jung!«

»Für in zwei, drei Jahren hatten wir das mal lose geplant«, fügt meine Freundin hinzu.

»Na, da sind Sie ja ganz schön spät dran«, sagt der Erzieher.

»Wir haben unser Kind dafür schon beim Business-Chinesisch für Neugeborene angemeldet.«

»Da haben Sie noch einen Platz bekommen?«, fragt mich der Erzieher. »So spät, wie Sie dran sind, dachte ich, es gibt nur noch Sächsisch für Abgehängte.«

Plötzlich steht ein Kind mit seinem Vater vor mir. Keine Ahnung, wie alt das Kind ist. Ich bin da schlecht im Schätzen. Vielleicht so groß wie unsere Katze. Wenn man sie auf die Hinterbeine stellt. Der Vater will sein Kind wohl gerade von der Kita abholen. Das Kind schaut mich verängstigt an. Ich schaue verängstigt zurück.

»Na, du?«, frage ich leicht verlegen. »Bist du ein Männchen oder Weibchen?«

»Wir erziehen unser Kind streng geschlechtsneutral«, mischt sich der Vater ein. »Es kann sich dann mit achtzehn entscheiden, ob es sich als Mann, Frau oder trans definiert. Wir haben es außerdem sowohl katholisch als auch evangelisch getauft, eine buddhistisch-hinduistische Zeremonie gefeiert und es auf jüdische und islamische Weise beschneiden lassen.« Er streicht seinem Kind über den Kopf. »Das ist alles in deinem Sinne, oder Tristan-Maria?«

Tristan-Maria bricht in Tränen aus.

»Aha, das ist ja sehr fortschrittlich«, sagt meine Freundin skeptisch.

»Wir sind post-konservativ«, deklamiert der Vater. »Wir erziehen Tristan-Maria antiautoritär, aber das Taschengeld wird gekürzt, wenn *es* keine Klavierstunden nimmt. Im Urlaub fahren wir in die Lausitz, Pilze sammeln und Wölfe jagen.«

»Das ist bestimmt schön, oder?«, frage ich Tristan-Maria.

»Bitte befreien Sie mich …«, flüstert er.

»Wir müssen dann Mal los zum Business-Chinesisch!«, ruft der Vater.

»Ich habe aber keine Lust, Herr Vater.«

»Na gut, es ist deine Entscheidung. Dann enterben wir dich eben.«

Der Vater zerrt Tristan-Maria aus der Kita.

Ich rufe sofort meine Eltern an und bedanke mich für meine schöne Kindheit.

Schule

Mein Handy zirpt wie eine Grille. Der neue Klingelton für meine Mutter. Der ist so leise und sanft, dass ich ihn leider zu meinem allergrößten Bedauern manchmal überhöre. Dieses Mal zirpt und zirpt und zirpt und zirpt es wie in einer italienischen Sommernacht, also gehe ich doch ran.

»Gestern haben wir zufällig deinen alten Mathelehrer getroffen«, sagt meine Mutter sofort ohne Begrüßung. »Weißt du noch, der nette Herr Kunz?«

»Klar, Herr Kunz, den vergesse ich nicht. Manchmal träume ich noch von ihm«, sage ich. »Wie er mich zur Tafel holt und ich dann fünfundvierzig Minuten irgendwas mit Sinuskurven und komplizierten Gleichungen aufmalen muss, und im Hintergrund lacht mich die ganze Klasse aus.«

»Das kennst du ja auch von deinen Auftritten«, sagt meine Mutter.

»Die lachen mich nicht aus, sondern über meine gelungenen Witze.« Ich bereue schon wieder, ans Telefon gegangen zu sein. »Konnte sich Herr Kunz denn noch an mich erinnern?«

»Ja, er meinte, so einen Schüler wie dich vergisst man nie.« Ich bin gerührt. »Das ist aber nett von ihm.«

»Das käme sehr selten vor, hat Herr Kunz gemeint: eine Kombination aus faul und dumm.«

»Mathematik war halt nichts für mich«, sage ich. »Ich war in anderen Fächern gut.«

»Aha, welche waren das noch mal?«

Ich überlege lange. »Religion vielleicht? Mein Motto war eben: Mit möglichst wenig Aufwand, möglichst viel schaffen. Immerhin habe ich das Abitur gemacht.«

Meine Mutter räuspert sich. »Na ja, sagen wir: bestanden.«

»Und wofür?«, ruft mein Vater von hinten. »Jetzt machst du Comedy, und alle lachen dich aus. Da hättest du auch nach der dritten Klasse abbrechen können.«

»Ich mache nicht nur Comedy, ich schreibe auch Bücher.«

»Zum Glück keine Mathebücher.«

»Vielleicht solltest du mal was über Religion schreiben, wenn du da so gut warst«, schlägt meine Mutter vor.

»Ach, da gibt es doch schon dieses eine bekannte Standardwerk, das sich seit Jahrtausenden sehr gut verkauft.«

»Wir sollen dich jedenfalls von Herrn Kunz grüßen«, sagt sie. »Er ist stolz auf dich, dass aus dir etwas geworden ist, obwohl alles auf Versager hingedeutet habe.«

»Siehst du, Papa! Sogar mein Mathelehrer ist stolz auf mich, da könntest du auch mal etwas netter zu mir sein.«

»Wir haben ihm auch erzählt, dass du Rechtsanwalt geworden bist«, sagt mein Vater und legt auf.

Angebot und Nachfrage

»Dein Bruder geht nicht ans Telefon«, sagt meine Mutter.

»Aha. Und deswegen rufst du jetzt mich an? Ich bin in Berlin, Mama. Mein lieber Bruder Christian wohnt im fernen Stuttgart.«

»Warum geht er denn nicht ans Telefon, wenn ich anrufe?«

»Mir würden da schon ein paar Gründe einfallen.«

»Aber du gehst immer ans Telefon.«

»Das ist das Gesetz von Angebot und Nachfrage«, sage ich. »Ihr Eltern bietet etwas an, das mich interessiert. Bruder Christian interessiert das dagegen nicht so, weil er ... du weißt schon ... genug Geld verdient. Versuch's einfach später noch mal, er wird schon irgendwann ans Telefon gehen.«

»Ich rufe deinen Bruder aber immer um viertel drei am zweiten Sonntag im Monat an. Und das ist jetzt, in diesem Moment!«

»Du rufst Christian nur *einmal* im Monat an? Und mich dafür jeden Tag?«

»Dein Bruder ist eben berufstätig ...«

»Ich auch! Meistens jedenfalls ... Und warum rufst du ihn genau um viertel nach drei an?«

»Sebastian, nicht viertel *nach* drei, sondern um viertel drei.«

»Wann?«

»Um viertel vor halb drei.«

»Das wird ja immer komplizierter.«

»Oder halb vor dreiviertel drei?«

»Mama, geht's dir gut? Oder hast du schon ein Viertele Wein[5] getrunken?«

»Am Nachmittag trinke ich doch noch keinen Wein. Höchstens eine Schorle. Und die gibt's ja nur im halben Liter.«

»Viertel nach zwei ist erst mittags …«, sage ich.

»Wann?«, ruft meine Mutter verwirrt.

»Na, fünf vor zwanzig nach zwei.«

Plötzlich klopft es bei meiner Mutter am Telefon an.

»Ah, das ist sicher dein Bruder!«

Sie legt sofort auf.

Ich schalte den Fernseher an. Es kommt tatsächlich *Raumschiff Enterprise*. Schön, dass sich manche Sachen nie ändern und Captain Picard weiterhin durch die unendlichen Weiten des Universums fliegt.

Nach einer halben Stunde zirpt mein Handy erneut.

»Und was erzählt mein Bruder?«

»Ach, nur das Übliche. Er hat eine Gehaltserhöhung und den Nobelpreis in Mathematik bekommen und außerdem das Zeitreisen erfunden«, sagt meine Mutter. »Aber das wüsstest du alles, wenn du nicht aus der Familien-WhatsApp-Gruppe ausgetreten wärst.«

»Ich konnte einfach nicht mehr!«, rufe ich. »Diese ganzen Erfolgsmeldungen von meinem großen Bruder setzen mich unter Druck.«

»Ein bisschen Druck ist ja manchmal gar nicht schlecht.«

»Dazu Tante Hildes schlecht belichtete Fotos von Hühnerfrikassee oder Rindergulasch mit Kartoffelbrei, Onkel Heiners frau-

---

5 Für alle Nicht-Badener: Ein Viertele ist eine badische Maßeinheit für Wein. Anderswo trinkt mal vielleicht aus 0,1-l-Gläsern, in Freiburg lacht man bei solchen winzigen Mengen nur. Touristen sollten Vorsicht walten lassen: Drei Viertele Wein klingt wenig und irgendwie niedlich, bedeutet aber eine ganze Flasche Wein. Prost! Zur genaueren Betrachtung der badischen Eigenheiten: Siehe Kapitel »Geografische Einordnung«, S. 76.

enfeindliche YouTube-Videos über Annalena Baerbock, die täglichen Babyfotos von Großcousine Lara – es war einfach zu viel!«

»Sebastian, du treibst die Spaltung der Familie voran!«

»Nur weil manche Mitglieder nicht ständig mit den anderen kommunizieren wollen, heißt das noch lange nicht, dass die Familie gespalten ist«, sage ich. »Das ist wie in der Gesellschaft. Nur weil sich ein klitzekleiner Teil radikalisiert, ist die Gesellschaft noch lange nicht gespalten.«

»Und in diesem Vergleich bist du der klitzekleine Teil?«

»Ich bin nicht allein! Papa ist auch nicht in der WhatsApp-Gruppe, der Spalter. Dabei hat er doch jetzt ein eigenes Smartphone.«

»Ich bin gar nicht bei diesem WhatsDepp«, ruft mein Vater von hinten.

»Dein Vater weiß nicht mal, was ein Messenger-Dienst ist«, sagt meine Mutter. »Neulich hat er sich gewundert, dass die Leute jetzt wieder mit Telegrammen kommunizieren.«

»Zum Glück haben wir keine Familien-Verschwörungstheorie-Gruppe bei Telegram«, sage ich. »Das wäre dann wirklich Spaltung.«

»Ich spalte lieber Holz im Garten«, ruft mein Vater.

»Wenn du nicht am Leben deiner Familie teilhaben möchtest, dann ist das deine Entscheidung, Sebastian. Das macht mich nur sehr traurig.«

»Mama, das ist emotionale Erpressung.«

»Ja, sag ich doch. Druck hat bei dir immer gut geholfen.«

»Na gut, ich gehe wieder in die Gruppe«, sage ich und lege auf.

Eine Stunde später – also um drei viertel vier – bekomme ich die Nachricht, dass jetzt auch »Der große Vater« Mitglied der Gruppe »Die Lehmänner*innen« ist.

Er lädt ein paar Fotos von Holz hoch. Darunter schreibt er: »Heute mal wieder so richtig schön gespalten.«

Ein großer Fan

»Mama, ich kann gerade schlecht reden, ich sitze im Auto.« Ich klemme mir das Handy zwischen Schulter und Kopf. Dabei komme ich ein wenig von der Spur ab.

»Ich hoffe, du telefonierst mit dem Hutset«, sagt meine Mutter.

»Das heißt Headset! Ihr lernt ja wirklich nichts im Englischkurs.«

»Es ist verboten, beim Autofahren zu telefonieren. Strictly forbidden!«

»Deswegen lege ich jetzt auf …«, sage ich.

»Strictement interdit!«

»Oui, Maman, isch abbe disch verstande.«

In diesem Moment höre ich eine Sirene aufheulen.

»Jetzt haben sie dich erwischt!«, ruft meine Mutter.

»War nur eine Frage der Zeit«, sagt mein Vater. »Aber ich bezahle die Kaution nicht. Das hat er sich selber eingebrockt, da muss er jetzt auch selber durch!«

Ich halte auf dem Seitenstreifen an. Das Gesicht eines Polizisten erscheint neben mir. Ich kurbele das Fenster herunter. Der Polizist trägt einen ähnlichen Schnurrbart wie mein Vater und mustert mich prüfend.

»Guten Tag«, sagt er. »Sie wissen bestimmt, was Sie falsch gemacht haben.«

»Das ist so viel, da kommt er jetzt nicht allein drauf«, sagt meine Mutter.

»Geben Sie mir mal bitte Führerschein und Fahrzeugpapiere. Handy am Steuer ist eine Ordnungswidrigkeit.«

Ich reiche dem Polizisten meine Dokumente durchs offene Fenster. Er studiert sie eingehend, dann schaut er mich noch mal lange an. »Irgendwie kommen Sie mir bekannt vor.« Er wiegt seinen Kopf hin und her und streicht sich über seinen dichten Schnurrbart. »Sie machen was mit Comedy, oder?« Sein Blick hellt sich auf. »Ich interessiere mich leidenschaftlich für Comedy und Kabarett.«

Der richtige Zeitpunkt, dass mich endlich mal jemand erkennt, denke ich. Polizei ist anscheinend meine Zielgruppe.

»Äh, genau, im Radio läuft eine Comedy-Kolumne von mir. Da telefoniere ich immer mit meiner ...«

»Und kommst du ins Gefängnis?«, unterbricht mich meine Mutter.

»Mama, es reicht jetzt!«

»Herr Lehmann, ich muss Sie bitten, aufhören zu telefonieren.« Der Polizist lacht verlegen. »Es ist zwar spannend, da mal live dabei zu sein, aber ich bin ja im Dienst.«

»Wer redet denn da immer dazwischen?«, ruft meine Mutter.

»Darf ich mal?«, fragt der Polizist und deutet auf mein Handy. Ich nicke und gebe ihm mein Telefon.

»Frau Lehmann? ... Genau, hier spricht die Polizei. Wir haben Ihren Sohn erwischt, wie er beim Autofahren telefoniert hat ... Ja, ganz ohne Hutset.«

»Oh, wie unverantwortlich!«, höre ich meine Mutter rufen.

»Ihre Mutter ist sehr enttäuscht von Ihnen«, sagt der Polizist zu mir.

»Ich weiß ...«

»Übrigens, Frau Lehmann«, sagt der Polizist dann wieder ins Telefon. »Ich bin ein großer Fan von Ihnen. Was Sie da immer im Radio erzählen, finde ich sehr vernünftig. Ein echtes Vorbild für alle Familien!«

»Das ist aber nett«, flötet meine Mutter.

»Grüßen Sie Ihren Ehemann, ein sehr verständiger Vater.«

»Ich bin auch sehr stolz auf meine Eltern, Herr Wachtmeister«, sage ich. »Sie haben mich wirklich gut erzogen. Und nicht ranzugehen, wenn sie anrufen, kann ich mir überhaupt nicht vorstellen. Deswegen ist das gerade passiert … Vielleicht könnte man da ausnahmsweise auf einen Strafzettel verzichten?«

»Na gut, Herr Lehmann«, sagt der Polizist. »Vielleicht könnten Sie mir dafür ein Autogramm von Ihrer Mutter besorgen?«

»Hat er auch schon bemerkt, dass dein TÜV abgelaufen ist?«, dringt plötzlich die Stimme meines Vaters aus dem Telefon.

»Papa! Das ist jetzt ein schlechter Zeitpunkt.«

»Hast du auch wieder getrunken, Sebastian?«, fragt meine Mutter.

»Herr Lehmann, steigen Sie sofort aus!« Der Polizist reißt die Autotür auf. »Dass Sie Ihre armen Eltern so enttäuschen müssen!«

»Kleiner Scherz«, ruft meine Mutter noch, aber der Polizist legt schon auf.

Shopping

»Was ist das für ein Lärm?«, frage ich sofort, als meine Mutter anruft.

»Dein Vater hat sich einen Laubbläser im Internet bestellt.«

»Oh nein, wie furchtbar! Was hat er denn gegen einen herkömmlichen Besen?«

»Das ist doch viel anstrengender. Vor allem mit seinem Rücken! Du musst ja in Berlin nicht jeden Tag selbst den Gehweg kehren. Hier in Süddeutschland ist das die wichtigste Bürgerpflicht.«

»Aber warum ist das so laut? Steht Papa mit dem Laubbläser in der Wohnung?«

»Er bläst gerade die Chipsreste aus unserem Sofa.«

»Ernsthaft? Was macht ihr denn noch so mit dem Laubbläser? Die Haare föhnen?«

»Das ist doch viel zu gefährlich«, sagt meine Mutter. »Aber man kann mit dem Bläser sehr gut die Glut im Grill anfachen.«

»Bitte nicht, Mama!«

Es klingelt bei meinen Eltern an der Tür. »Sebastian, wart mal, das ist der Paketbote.«

Ihre Verbindung wird gehalten. Ihre Verbindung wird gehalten. Ihre Verbindung ...

Ich stöhne auf und öffne meinen Laptop, der gestern geliefert wurde. Er funktioniert wieder perfekt. Die Versicherung meiner Mutter hat wirklich die Reparatur bezahlt.

»Bist du noch dran?«, fragt sie plötzlich. Zum Glück ist es nicht mehr so laut bei meinen Eltern. »Es kam gerade noch ein Päckchen für uns an.«

»Bei mir gestern auch«, sage ich. »Mein reparierter Laptop. Danke noch mal, dass du das über deine Versicherung ...«

»Das ist Betrug!«, ruft sie.

»Wärst du eben ein wenig vorsichtiger gewesen mit dem Laptop deines Sohnes«, sagt mein Vater und kichert.

»Ihr bestellt auch alles nur noch online, oder wie?«, frage ich dann.

»Ja, das ist toll. Gerade kamen unser neuer Induktionsherd und dazu ein neues Topf- und Pfannenset an.«

»Ist so ein Herd nicht zu groß für die Post?«

»Ach, das ging noch. Gestern war es schlimmer, als das Kanu von deinem Vater geliefert wurde. Da hat der Paketbote ganz schön geschwitzt.«

»Seit wann fährt Papa denn Kanu?«

»Das war gerade im Sonderangebot«, ruft mein Vater. »Und wenn man zum Kanu auch noch ein Kajak dazubestellt, muss man kein Porto bezahlen.«

»Ein Schnäppchen«, sage ich.

»Im Internet gibt es alles«, sagt meine Mutter begeistert. »Nicht so wie in den Läden in der Innenstadt, da heißt es immer nur: ›Nee, ham wir gerade nicht da. Können Sie ja im Internet bestellen.‹«

»Und ihr bestellt auch wirklich alles.«

»Aber ich habe ein schlechtes Gewissen. Wegen uns veröden die Innenstädte.«

»Du meinst, diese tollen Einzelhandelsfachgeschäfte, die es nur in Freiburg gibt, wie zum Beispiel Douglas, Kaufhof, Fielmann, H&M und Orion …«

»Na ja, besser als im Internet, da gibt es nur einen Laden.«

Plötzlich klingelt es an meiner Tür.

»Sohn«, ruft mein Vater. »Das ist das andere Kanu. Gab's zum halben Preis dazu. Habe ich dir schicken lassen …«

»Ich stell das Kanu unten ab. Tschüss!«, ruft der Paketbote durchs Treppenhaus und verschwindet wieder.

»Na danke, Papa!«, rufe ich, aber mein Vater hat schon aufgelegt.

Eine gute Ergänzung

»Weißt du, was mir aufgefallen ist?«, fragt meine Mutter. »Inzwischen bist du schon fast so alt wie wir, Sebastian.«

»Nein! Das kann nie passieren«, rufe ich. »Außerdem habe ich beschlossen in der Öffentlichkeit ab jetzt einfach Ende dreißig zu bleiben. So fühle ich mich auch innerlich.«

»Ich fühle mich innerlich wie hundertsieben«, ruft mein Vater von hinten.

»Warum denn das, Papa?«

»Weil ich so weise bin.«

Meine Mutter und ich müssen lachen.

»Bei deinem Vater macht sich das Alter ebenfalls langsam bemerkbar«, sagt meine Mutter. »Gestern haben wir uns in der Stadt getroffen, und er hat mich trotz Brille nicht gesehen – und ist einfach an mir vorbeigelaufen.«

»Ich sehe noch gut!«, ruft mein Vater. »Ich war nur gerade in Gedanken woanders.«

Das interessiert mich jetzt. »Aha, wo warst du denn? Beim Essen?«

»Ich hatte mir gerade eine Bratwurst auf dem Münstermarkt[6] geholt. Außerdem habe ich deine Mutter dann gerufen, und sie hat mich nicht gehört.«

---

6 Für alle Nicht-Freiburger: Auf dem Marktplatz um das Freiburger Münster kann man die berühmte »Lange Rote« erwerben. Eine gegrillte Wurst im Brötchen. Der Name hat mich früher als Kind verstört. Handelte sich bei der »Langen Roten« vielleicht um ein vom männlichen Schwein abgeschnittenen … Ich will nicht weiter darüber nachdenken.

»Verstehe ich das richtig? Papa sieht nichts mehr, und du, Mama, hörst nichts mehr? Immerhin ergänzt ihr euch gut. Wie damals, als Papa sich beim Skifahren den rechten Arm und du dir den linken Arm gebrochen hast.«

»Was hast du gesagt?«

»Anscheinend hat Papa recht, und du hörst wirklich nicht mehr so gut.«

»Ich höre scharf wie ein Adler«, sagt meine Mutter. »Ich habe nur nicht aufgepasst.«

»Und wo warst du gerade?«

»Ich habe eine WhatsApp von deinem Bruder bekommen.«

»Es ist nicht mehr das Gleiche, mit euch zu telefonieren. Früher habt ihr euch noch für mich interessiert.«

»Daran kann ich mich nicht erinnern …«, sagt mein Vater.

»Auch du und dein Bruder ergänzt euch gut mit euren Fähigkeiten«, sagt meine Mutter. »Dein Bruder ist fleißig, erfolgreich, charmant, humorvoll, redegewandt und reich. Und du, Sebastian, bist … äh …«

»Klein?«, frage ich.

»Genau!«, ruft mein Vater.

»Aber auch kleine Menschen braucht man auf der Welt.« Meine Mutter versucht, versöhnlich zu klingen. »Zum Beispiel sind sie platzsparend und können im Auto auf der Rückbank in der Mitte sitzen.«

»Manchmal habe ich das Gefühl, ihr macht das so wie in einem Krimi bei einer Zeugenbefragung: *Good cop* und *bad cop*. Ihr ergänzt euch vor allem gut, wenn es gegen mich geht.«

»Das stimmt nicht!« Meine Mutter ist empört. »Du bist unser heiß geliebter Sohn.«

»Nur weil wir so stolz auf dich sind, erwarten wir so viel«, fügt mein Vater hinzu.

Ich bin ein bisschen gerührt. »Vielleicht seid ihr doch eher: *Good cop* und *Dad cop*.«

»In einer guten Ehe ergänzt man sich eben. Was der eine nicht kann, kann dafür die andere.«

»Du kannst zum Beispiel gut kochen«, sagt mein Vater zu meiner Mutter, »und ich kann gut essen.«

»Und ich kann gut putzen, und du kannst alles sofort wieder dreckig machen, weil du mit deinen dreckigen Schuhen aus dem Garten in die Wohnung gekommen bist, nachdem du den ganzen Tag Holz gespalten hast.«

»Vielleicht wäre es trotzdem gut, wenn Papa zum Optiker geht und du zum Ohrenarzt, Mama.«

»Was? Ich verstehe dich nicht!«, ruft meine Mutter wieder.

»Siehst du!«, sagt mein Vater.

»Du siehst gar nichts«, ruft meine Mutter und legt auf.

Exkurs 1

Andere Eltern haben auch schöne Kinder

»Wir können jetzt eine Weile nicht mehr telefonieren, Sohnemann«, sagt meine Mutter.

»Nenn mich bitte nicht Sohnemann!«

»Stimmt, ›Mann‹ passt ja nicht so gut zu dir ...«

»Und warum können wir denn nicht mehr telefonieren?«

»Dein Vater und ich haben ja so viel Stress.«

»Also bei euch als Rentnern geht es doch eher ruhig zu.«

»Du hast ja keine Ahnung, Sebastian!«, ruft meine Mutter.

»Ständig ist ja was: Morgen haben uns Schmidts mit ihrem Ärztesohn ins Sterne-Restaurant eingeladen, und übermorgen müssen wir in dieses Wellness-Hotel in der Schweiz. Und dann fliegen wir ja auch schon auf die Malediven. Es ist so stressig!«

»Urlaub ist doch kein Stress!«

»Warst du mal mit deinem Vater im Urlaub? Er besteht ja immer darauf, alles auf Spanisch zu bestellen.«

»Auch in der Schweiz?«

»Hola, hombre«, ruft mein Vater. »Una cerveza, por favor.«

»Bitte nicht auch noch einen Spanischkurs!«, flehe ich. »Ich habe übrigens auch total viel Stress. Ständig fahre ich mit dem Zug durch Deutschland zu meinen Auftritten. So anstrengend und nervig. Kürzlich saß ich eingeklemmt zwischen einer siebenköpfigen Familie, bei der ich nicht unterscheiden konnte, wer Vater, Oma oder großer Bruder war. Dann stieg noch ein Männergesangsverein zu. Und bei jeder Station sangen sie zusammen mit dem Schaffner die Anschlussverbindungen.«

»Immer bist du am Jammern, Sebastian. Das ist auch ein Grund, warum wir nicht mehr so viel mit dir telefonieren wollen.«

»Das ist ja wieder total gemein!«

»Andere Kinder haben auch schöne Eltern. Vielleicht kannst du ja mal mit der Mutter deiner Freundin telefonieren?«

»Das ist nicht das Gleiche. Du bist einfach sehr speziell.«

»Das hast du jetzt aber schön gesagt.«

»Adios, amigo!«, ruft mein Vater und legt auf.

Ich blicke das Telefon in meiner Hand an. Vielleicht hat meine Mutter recht. Vielleicht brauche ich wirklich zur Abwechslung mal andere Eltern. Und die Eltern von Katharina habe ich wirklich schon lange nicht mehr gesprochen. Als ich das letzte Mal bei ihnen zu Besuch war, hatten sie seltsamerweise auch kaum Zeit für mich. Ich rufe also die Mutter meiner Freundin in ihrer Heimatstadt Mainz an.

»Hallo, Katharina«, ruft sie sofort begeistert. »Schön, mal wieder von dir zu hören.«

»Ich bin nicht Katharina«, sage ich. »Sondern ihr Freund.«

»Ach so … *Sie* sind es.«

»Wir können uns ruhig duzen.«

»Ich bleibe da lieber auf Distanz, Herr Lehmann. Nicht dass Sie im Radio auch von mir erzählen.[7]

Was sagen denn Ihre Eltern dazu?«

»Die nennen mich Sebastian.«

»Stellen Sie sich dumm – oder ist das bei Ihnen chronisch? Ich meine, was Ihre Eltern dazu sagen, dass Sie im Radio über sie herziehen?«

»Das ist doch alles liebevoll«, sage ich. »Und natürlich auch leicht überspitzt. Sie wissen schon, Satire darf alles …«

»Ich duze dich, Stefan«, ruft plötzlich Katharinas Vater von hinten ins Telefon. »Ich sieze nur reife Männer.«

---

7 Zu spät.

»Ich heiße nicht Stefan, sondern Sebastian. Habe ich doch gerade gesagt …«

»Wie auch immer«, unterbricht er mich. »Ich fand ja sowieso, sie hätte mit Marco zusammenbleiben sollen. Der ist jetzt Arzt.«

Ich hätte auch Medizin studieren sollen, denke ich. Aber mit meinen Abi-Noten hätte ich wahrscheinlich siebenundzwanzig Wartesemester gebraucht.

»Was machen Sie denn beruflich?«, fragt Katharinas Mutter dann. »Von Ihren vermeintlich lustigen Radiogeschichten können Sie ja bestimmt nicht leben.«

Ich schlucke. »Ich bin hauptberuflich freischaffender … äh … Lehrer.«

»Na ja, besser als Künstler oder Schriftsteller oder so was.« Katharinas Mutter lacht. »Und warum haben Sie uns angerufen?«

»Ich dachte, wir können uns auch mal unterhalten. Immerhin bin ich ja schon so etwas wie Ihr Schwiegersohn.«

»Na, warten wir mal ab!«, ruft Katharinas Vater. »Noch ist nichts unterschrieben.«

»Ich wollte eigentlich nur mal ein wenig mit Ihnen plaudern«, sage ich. »Meine eigenen Eltern sind gerade ziemlich beschäftigt.«

»Genauso wie wir, Herr Lehmann. Es gibt auch Leute mit einem richtigen Beruf, die nicht das halbe Jahr Ferien haben. Und grüßen Sie Katharina von uns. Sie soll noch mal tief in sich gehen, noch hat sie alle Chancen.«

Sie legt auf.

Andere Kinder haben doch nicht so schöne Eltern.

Geografische Einordnung

Viele Norddeutsche fragen sich bestimmt während der Lektüre: Was hat es eigentlich mit diesem seltsamen Bundesland Baden-Württemberg auf sich, an dessen äußerstem südlichem Zipfel Freiburg liegt? Mit »norddeutsch« meine ich übrigens alles oberhalb von Mannheim. Oft höre ich von diesen Norddeutschen, dass da unten im Süden alles das Gleiche sei: nämlich Bayern. Deswegen möchte ich eine kleine geografische Einordnung vornehmen, damit die geneigten Leserinnen und Leser, meine badischen Eltern und auch mich besser verstehen.

Baden-Württemberg besteht aus drei sehr unterschiedlichen Teilen, nämlich Baden, Württemberg und dem Prenzlauer Berg. In den zwei letztgenannten Teilen wohnen hauptsächlich Schwaben. Außerdem leben noch Kurpfälzer, Franken und einige andere Ethnien im Vielvölkerstaat Baden-Württemberg. Meistens läuft das Zusammenleben recht harmonisch ab, doch geraten besonders die Südbadener –– zu denen ich mich als stolzer gebürtiger Freiburger zähle – häufig mit den selbstbewussten Schwaben in Konflikt. Meistens geht es um die Aussprache von Wörtern, die schon in Frankfurt niemand mehr versteht. Oder um den richtigen Knusprigkeitsgrad von Laugenweckle. Und natürlich um den riesigen Mentalitätsunterschied zwischen Badenern und Schwaben.

Als ich vor zwanzig Jahren von Freiburg nach Berlin gezogen bin, riefen auch die Berliner sofort: »Noch so ein reicher Schwabe, der nach Berlin zieht!«

»Ich bin Badener«, antwortete ich, »ich leide auch schon mein ganzes Leben lang unter den Schwaben.«

»Schwätz kei Blödsinn, du Badenser«, sagten die Berliner. Denn sie waren eigentlich zugezogene Schwaben, die in der Hauptstadt als Handwerker oder Mercedes-Benz-Testfahrer arbeiteten.

Baden ist leider schon lange kein eigenes Bundesland mehr, wir wurden zwangsvereinigt mit den Schwaben. Wir Badener sind so was wie die Katalanen Deutschlands. Wir besitzen auch unsere eigene Sprache, die sonst niemand versteht.

Ein Beispiel: »Net so wunderfitzig, du Lumbesäggel, und halt dei Gosche.«

Das ist Badisch für: »Sei nicht so neugierig, du Lappen. Ich will hier nur in Ruhe mein Viertele Wein trinken.«

Als Minderheit in Baden-Württemberg werden wir ständig von den reichen Schwaben benachteiligt. Die bekommen einen neuen Bahnhof in ihrer Hauptstadt geschenkt – und wollen den nicht mal. Weil: Er ist zu teuer! Das ist typisch schwäbisch: Ein Schwabe bekommt etwas Teures geschenkt. Seine Reaktion: »Des isch doch zu teuer, kann man des vielleicht umdausche?«

»Wilsch was auf de Ranze, du Schwöbesäggel?«, antwortet darauf der Badener.

Das ist Badisch für: »Lieber schwäbischer Mitbürger, bitte beschwere dich nicht die ganze Zeit und lass mich ungestört mein Viertele Wein trinken.«

Baden-Württemberg gilt als erfolgreiches und wirtschaftsstarkes Bundesland. Viele weltbekannte Firmen haben hier ihren Hauptsitz: Daimler-Benz, Hugo Boss, Porsche. Seitenbacher Müsli. Leider alles schwäbische Unternehmen.

Wofür ist Baden bekannt? Vielleicht für Glücksspiel in Baden-Baden. Was ist das überhaupt für ein Name? Baden-Baden? Der Name klingt so gut, sagen wir ihn einfach zweimal. Stuttgart hat das nicht nötig. Stuttgart-Stuttgart? Stuttgart ist einfach Stuttgart.

Die Schwaben sind außerdem deutschlandweit für ihre leckeren Spätzle bekannt. Wir Badener essen Knöpfle. Das sind Spätzle, nur kleiner.

Auch im Entertainment sind die Schwaben uns Badenern voraus: Die Schwaben haben die Fantastischen Vier. Wir haben Xavier Naidoo. Es gibt weltberühmte Schriftsteller aus Schwaben: Friedrich Schiller, Hermann Hesse. Und aus Baden: mich. Die Badener reden ständig über Schwaben. So wie ich jetzt. Denn wenn man klein ist, muss man sich immer an etwas Größerem abarbeiten. Ich weiß, wovon ich rede, ich bin eins fünfundsiebzig. Also fast. Dem Größeren ist der Kleinere aber vollkommen egal. Das trifft auch auf Länder zu: Die Schweizer zum Beispiel vergleichen alles immer mit Deutschland. Und die Deutschen so: »Niedlich! Ein Schwizer. Sag doch noch mal ›Gruezi‹!«

Bei Städten gibt's das auch. Berlinern ist Potsdam vollkommen egal, einfach ein weiterer Stadtteil der Hauptstadt, so wie zum Beispiel auch Leipzig. Sogar in Freiburg ist das so. Da machen sich alle über das noch kleinere Emmendingen lustig. Ihr fragt euch jetzt wahrscheinlich: »Was zum Teufel ist Emmendingen?«

Ja, eben.

Und deswegen die Schwaben nur so: »Och, ein niedlicher Badenser. Sag doch noch mal ›Knöpfle‹.«

Immerhin bauen wir in Baden sehr guten Wein an. Leider ist der auf der Welt nicht so bekannt, weil wir ihn lieber selbst trinken, als ihn gewinnbringend zu verkaufen wie die Schwaben ihr lecker Müsli. Die fleißigen Schwaben in Stuttgart-Stuttgart essen wahrscheinlich gar kein Müsli. Wenn man die ganze Zeit ›schaffe‹ und ›Häusle baue‹ muss, braucht man was Richtiges! Wenn überhaupt essen die Schwaben ihr Müsli mit Benzin.

Doch wir Badener sind wenigstens ehrlich. Wir lullen die Leute, die unsere schöne Heimat besuchen, nicht mit falscher Freundlichkeit ein.

Wir sagen ihnen gleich von Anfang an: »Hol da au a Viertele, Striezie! Und halt dei Gosche!«

Das ist Badisch für: »Bitte respektiere unsere Eigenheiten, du Stricher. Und lass uns zusammen schweigend vier Flaschen Wein trinken, bis wir glücklich und betrunken auf dem Boden der Gaststätte einschlafen.«

Die andere Seite

Ich wurde von meiner Mutter vertraglich verpflichtet, folgendes Telefonat ebenfalls in dieses Buch aufzunehmen. Alle Rechte liegen bei ihr.

Ich rufe meinen Sohn in seinem vorübergehenden Wohnort Berlin an.

»Hallo, Sebastian«, sage ich, »es ist so schön hier auf den Malediven. Herrliches Wetter und sehr nette Leute.«

»Leg jetzt auf!«, ruft mein Mann von hinten ins Telefon. »Das ist teuer!«

»Dein Vater sagt, dass die Roaming-Gebühren so hoch sind.«

»Ich dachte, ihr habt zu viel Stress, um mit mir zu telefonieren«, sagt mein Sohn. »Da habe ich mich inzwischen nach anderen Eltern umgeschaut. Die waren aber eher unangenehm.«

»Aber jetzt haben wir wieder Zeit für dich, mein Lieber«, sage ich.

Die Kinder können so alt werden, wie sie wollen, denke ich, man vermisst sie doch immer. Ich lese am Strand gerade noch mal Sebastians Buch. Wirklich sehr lustig. Auch wenn ich in Wahrheit viel netter bin als in seinen Geschichten ... *Mit deinem Bruder hatten wir ja Glück* hat er es genannt. So etwas Gemeines würde ich natürlich nie sagen! Und wenn, dann zu seinem Bruder Christian. Ein Banker. Dafür bin ich achtundsechzig nicht auf die Straße gegangen. Sebastian ist wenigstens kein dreckiger Kapitalist. Wie auch, wenn man nie Geld hat?

»Hallo, Mama? Bist du noch dran?«, ruft mein Sohn. »Was macht ihr denn so auf den Malediven?«

»Dein Vater hat sich bei einem Surfkurs angemeldet.«

»Ernsthaft? Ich kann mir Papa irgendwie nicht in einem hautengen Neoprenanzug auf einem Surfbrett vorstellen.«

»Er hatte sich verlesen und dachte, es wäre ein Sauf-Kurs.«

»Übrigens wollte ich euch mal wieder in Freiburg besuchen, wenn ihr aus dem Urlaub zurück seid …«, sagt mein Sohn dann. »Wir haben uns ja seit letzten Weihnachten nicht mehr gesehen.«

»Ist doch auch erst Juli …«, ruft mein Mann.

Der tut auch immer nur so, denke ich. Und freut sich dann doch, wenn der Sohnemann zu Besuch kommt. Kürzlich hat er für Sebastian sogar veganen Schwarzwälder Schinken gekauft.

»Ich schreibe ja gerade auch an einem neuen Buch«, sagt mein Sohn.

Zum Glück ist er Schriftsteller geworden und nicht Arzt oder Rechtsanwalt. Er hat eben eine künstlerische Ader. Habe ich ihm ja gleich gesagt! Schade, dass niemand seine Bücher kauft.

»Una vino roughe por favor …!«, ruft mein Mann dem Kellner zu.

»Wir müssen jetzt aufhören, Sebastian. Gleich fängt der Sauf-Kurs an. Wir freuen uns auf deinen Besuch in Freiburg.«

Ich lege auf. Das macht mich immer ein wenig traurig. Aber morgen rufe ich ihn einfach wieder an.

Eine Mutter spürt so was

Meine Eltern sind wieder aus dem Urlaub zurück. Es trennen uns nicht mehr achttausend Kilometer, sondern wieder die normalen achthundert zwischen der Hauptstadt Deutschlands und der Hauptstadt Südbadens. Es fallen auch keine Roaming-Gebühren an.

»Sebastian, ich hab dir das schon so oft gesagt: Du musst deine Hemden bügeln!«, ruft meine Mutter.

»Mama, wir telefonieren. Erkennst du jetzt etwa an meiner Stimme, ob mein Hemd gebügelt ist? Außerdem trage ich gerade ein T-Shirt.«

Ich verrate lieber nicht, dass ich in Wirklichkeit noch im Pyjama bin. Schließlich ist es schon halb eins mittags. Aber der Pyjama ist wirklich total verknittert …

»Gib einfach zu, dass dein Hemd verknittert ist! Eine Mutter spürt so was.«

»Schade, dass *Wetten, dass..?* nicht mehr läuft. Das wäre doch mal eine spektakuläre Wette: Mutter erkennt Kleidung ihres Sohnes anhand seiner Stimme.«

»Nicht nur das. Auch, ob du schon geduscht hast, noch im Bett liegst oder mich anlügst.«

»Okay, ich gebe zu, ich bügle meine Hemden nie. Als Schriftsteller gehört es dazu, dass man ein wenig verknautscht aussieht.«

»Der Schirach hat auch immer gebügelte Hemden an«, argumentiert meine Mutter. »Und der verkauft bestimmt mehr Bücher als du. Der war bestimmt auch schon bei Lanz im Fernsehen. Außerdem müssen heutzutage auch Männer bügeln können.«

»Papa kann doch auch nicht bügeln.«

»Dein Vater trägt, seit er in Rente ist, sowieso nur noch Feinripp und Holzfällerhemd – das muss man nicht bügeln.«

»Gebügelte Hemden sind total spießig!«

»Besser, als um halb eins noch im Pyjama rumzulaufen, du Faulpelz.«

Ich erschrecke mich. »Hast du das auch gehört?«

»Ich bin deine Mutter, ich weiß alles! Wenn du nicht bügeln willst, dann kauf dir wenigstens einen Trockner.«

»Ich finde Wäscheständer eigentlich ausreichend. Mir kommt es ohnehin so vor, als ob Trockner nur zwei Programmeinstellungen besitzen: ›Ist leider noch so feucht, dass du die Wäsche trotzdem aufhängen musst‹, und: ›Oh, jetzt ist zwar alles trocken, aber das Hemd ist drei Nummern zu klein.‹«

»Vielleicht hast du auch nur zugenommen. In deinem Alter bekommen Männer ja langsam einen Bauch.«

»Schließ bitte nicht von dem einen Mann, mit dem du zusammenwohnst, auf alle anderen.«

»Ich habe keinen Bauch!«, ruft mein Vater von hinten. »Mein Feinripp spannt gar nicht.«

Meine Mutter und ich müssen lachen.

»Mir reichen meine Waschmaschine und der Geschirrspüler. Sonst brauche ich keine Haushaltsgeräte«, sage ich dann.

»Nächste Weihnachten bekommst du ein Bügeleisen von mir.«

»Stelle ich dann sofort in den Keller. Zur Schleifmaschine, die mir Papa letztes Jahr geschenkt hat.«

»Eine Schleifmaschine braucht man doch die ganze Zeit«, ruft mein Vater.

»Ich habe vor, durchs Leben zu gehen, ohne jemals etwas abgeschliffen zu haben.«

»Du bist wirklich undankbar«, beschwert sich meine Mutter.

»Der Smoothie-Maker, den ich euch geschenkt habe, damit ihr euch endlich mal gesünder ernährt, steht bei euch auch auf dem Speicher.«

»Nee, der ist kaputt, weil dein Vater versucht hat einen Schwarzwälder-Schinken-Smoothie zu machen.«

»War aber lecker!«, ruft er.

»Vielen Dank für dieses an wichtigen Lifestyle-Tipps reiche Gespräch«, sage ich. »Leider muss ich jetzt aufhören. Ich wollte noch ein paar Hemden bügeln.«

Ich lege auf, gehe in die Küche und hole die Sprudelmaschine aus dem Schrank, die mir meine Eltern zum Geburtstag geschenkt haben. Ihr einziges sinnvolles Geschenk seit Jahren. Ich schütte Weißwein rein und sprudele ihn schön auf.

»Lecker Sekt«, sage ich und nehme einen großen Schluck.

Gesprudelter Sekt um halb eins im Pyjama. I live my life!

Dann gehe ich wieder ins Bett.

Unbeschriebenes Blatt

»Mama, ich hab jetzt keine Zeit zum Telefonieren«, sage ich, »ich backe einen Kuchen.«

»Oje, backen kannst du doch gar nicht!«, ruft sie.

»Natürlich kann ich backen! Ich kann mich nur nicht so gut auf zwei Tätigkeiten gleichzeitig konzentrieren. Einerseits muss ich Eiweiß von Eigelb trennen und andererseits mit dir telefonieren.«

»Konzentration ist dir schon immer schwergefallen. Deswegen war das bei dir mit dem Gymnasium auch eher eine schlechte Idee. Hat kürzlich Herr Kunz auch gemeint.«

»Inzwischen kann ich mich sehr wohl konzentrieren und auch Kuchen backen!«, rufe ich empört.

»Ach nein. Manche Sachen kann man nicht lernen. Aber das ist doch nicht schlimm. Jeder hat seine eigenen Stärken. Du hast ja auch Talente und kannst andere Sachen gut, Sebastian. Zum Beispiel, äh … also …«

»Schreiben?«, frage ich.

»Das meinte ich jetzt gerade nicht …«

»Lustig sein.«

»Ja, wir lachen gern über dich«, ruft mein Vater hinten.

»Autofahren?«

»Nicht gleich größenwahnsinnig werden, Sohn.«

»Was kann ich denn dann?«

Stille.

»Schlafen!«, ruft meine Mutter schließlich. »Wenn du als Kind geschlafen hast, sahst du immer so friedlich aus. Als wäre das dein Naturzustand. Aber was du sicher nicht kannst, ist backen.«

»Deswegen lerne ich es gerade. Früher konnte ich nicht kochen, inzwischen schmeckt mein Essen gut.«

»Man gewöhnt sich an alles ...« Meine Mutter muss lachen.

»Ich habe mich weiterentwickelt, seit ich vor sehr langer Zeit bei euch ausgezogen bin. Inzwischen kann ich kochen, mich konzentrieren und sogar mit Geld umgehen.«

»Wenn man kein Geld hat, ist das ja auch einfach«, ruft mein Vater.

»Sebastian, immer willst du wer anders sein. Du bist einfach, wie du bist. Das ist ja auch nicht schlimm.«

»War das jetzt ein Kompliment oder eine Beleidigung?«, frage ich.

»Wir haben ja viel versucht bei deiner Erziehung, aber manches kann man nicht ändern: Du bist eben nicht so aktiv, sondern schläfst gern.«

»Menschen können sich verändern. Wenn man auf die Welt kommt, ist man noch ein unbeschriebenes Blatt.«

»Also wie ein Blatt sahst du nicht aus als Baby. Eher wie ein dicker Tannenzapfen ...«

»Und die Eltern, die Schule und das ganze Umfeld schreiben dann etwas auf dieses Blatt, bis man ein einzigartiges Individuum wird«, erkläre ich weiter. »Erst mein Leben hat mich zu dem gemacht, der ich bin. Wir Menschen entwickeln und verändern uns. Papa zum Beispiel war früher ein schlanker, gut aussehender, netter Mann und jetzt ...«

»Vorsichtig, junger Mann, solange du deine Füße unter mein Bankkonto ...«

»Aber du, Sebastian, warst schon immer so, wie du jetzt bist.«

»Du würdest doch auch sagen, dass dich deine Kindheit geprägt hat, Mama.«

»Ja, aber weil ich halt so bin, wie ich bin, hat sie mich auf eine Weise geprägt, wie sie jemand anderen nicht geprägt hätte.«

»Das ist die Frage nach Huhn und Ei. Was war zuerst da? Ich glaube eben, dass beides nicht da war und sich erst entwickeln musste. Dass es keine Idee von einem Ei gab, kein *ideales* Ei …«

»Apropos Ei«, unterbricht mich meine Mutter. »Was macht der Kuchen?«

»Oh nein! Den hab ich ganz vergessen.« Ich hole den Kuchen aus dem Ofen. »Toll, ist unten angebrannt.«

»Ich hab's dir doch gleich gesagt, Sebastian. Du kannst nicht backen.«

»Warst du eigentlich schon immer so?«, frage ich. »Dass du recht hast, obwohl du nicht recht hast?«

»Einfach unten etwas vom Boden abschneiden, dann geht das schon mit dem Kuchen.«

»Danke, Mama, da habe ich ja wieder was gelernt«, sage ich und lege auf.

Drüben

Meine Mutter ruft aus meiner badischen Heimatstadt Freiburg an.

»Wir waren gestern beim Chinesen essen«, sagt sie. »Da haben wir diesen einen gesehen, diesen ... wie hieß der gleich noch mal?«

»Wen meinst du?«, frage ich.

»Den einen! Du weißt schon. Der hat bei diesem Film mitgespielt, wie hieß der noch mal?«

»Der Film?«

»Oder war das diese Serie, die in Venedig spielt?«

»Mailand«, wirft mein Vater von hinten ein. »Oder Madrid?«

»Hauptsache Italien«, sage ich. »Aber jetzt mal der Reihe nach: Wen habt ihr beim Chinesen getroffen? Oder wart ihr gar nicht beim Chinesen, sondern beim Vietnamesen? Oder beim Japaner?«

»Nee, nee, das war schon ein Chinese!«, ist sich meine Mutter sicher. »Also die Gaststätte. Der Schauspieler nicht, der kommt von drüben.«

»Mama, das sagt man nicht mehr. Wie wäre es, wenn du einfach die Stadt nennst, aus der er kommt?«

»Wie hieß das doch gleich? Zwickau oder Zittau? Oder Warschau?«

»Du verkörperst wirklich perfekt diese westdeutsche Arroganz, über die sich die Ostdeutschen zu Recht aufregen.«

»Ich fand den eigentlich ganz nett, der hat einen Serienmörder gespielt. Vielleicht kennst du den sogar?«

»Warum soll ich denn einen ostdeutschen Serienmörder kennen? Und warum wart ihr überhaupt beim Chinesen? Ich verstehe gar nichts mehr. Seit wann mag Papa denn asiatisches Essen?«

»Die haben da gute Glasnudel-Spätzle«, ruft mein Vater.

»Diese chinesischen Maultaschen sind auch gut«, meint meine Mutter.

»Und mit den Stäbchen kamt ihr zurecht?«

»Das waren keine Spießchen?«, fragt sie.

»Ich wusste gar nicht, dass Freiburg so eine internationale Küche besitzt, ist ja fast wie hier in Berlin.«

»In Freiburg gibt es alles! Sogar eine schwäbische Gaststätte. Aber da geht natürlich niemand hin.«

»Badische und schwäbische Küche unterscheiden sich doch gar nicht, Mama.«

»Das ist was ganz anderes!«, ruft meine Mutter empört. »In Berlin und Brandenburg gibt's ja auch nicht das Gleiche zu essen.«

»Doch«, sage ich. »Döner.«

»Döner gibt's auch in Freiburg.«

»Döner gibt es überall, sogar drüben. Wenn etwas deutsche Leitkultur ist, dann ein schöner Döner.«

»Könnten wir auch mal wieder essen«, schlägt mein Vater vor.

»Gibt's auch vegan«, sage ich. »Heißt dann Vöner.«

»Das ist für mich kein richtiger deutscher Döner mehr.«

»Aber Glasnudel-Spätzle sind okay, oder was?«

»Klar, die waren mit Schinkensoße«, ruft er.

»Jetzt fällt mir wieder ein, woher der kommt«, unterbricht uns meine Mutter, »Aus Güter-, Güters-irgendwas.«

»Gütersloh ist nicht in Ostdeutschland!«

»Ich habe gar nicht gesagt, dass der aus Ostdeutschland kommt. Das warst du!«

»Mama, du hast ›von drüben‹ gesagt.«

»Ja, ›drüben‹ … oder ›vom anderen Ufer‹ – oder wie man halt sagt.«

»Das war der eh nicht!«, schaltet sich wieder mein Vater ein.

Ich stöhne verzweifelt auf. »Wer denn jetzt, verdammt noch mal?«

»Der sah nur so aus«, sagt er. »Ich hab den gefragt. Der hieß Klaus und kam aus Stuttgart.«

»Siehst du, der kam wirklich von drüben!«, sagt meine Mutter und legt auf.

Sie sind da – der Besuch in Berlin

Als mich meine Eltern zum ersten Mal in Berlin besuchten, nachdem ich kurz vorher zum Studieren in die weit entfernte Hauptstadt gezogen war, schliefen sie im Gästezimmer meiner damaligen WG. Meine Eltern trieben mich während der drei Tage ihres Aufenthalts in den Wahnsinn. Der erste Kommentar meiner Mutter lautete damals: »So kann doch kein Mensch hausen.« Sie begann sofort, die gesamte Wohnung zu putzen, obwohl ich natürlich vor ihrem Besuch alles so gründlich geputzt hatte wie noch nie in meinem Leben. Dabei mantrate sie vor sich hin: »Wie sieht denn das hier aus? Nein, nein, furchtbar!« Danach ging sie einen neuen Wischmopp und zehn Liter Scheuermilch kaufen. Abends kochte sie für die ganze WG Schinkennudeln mit extra aus Freiburg mitgebrachtem Schwarzwälder Schinkenspeck.

Mein Vater reparierte die klemmende Küchentür und baute zwei Regale meiner Mitbewohner auf. Leider relativ schief. Die Tür schloss danach gar nicht mehr. Ich schwor mir, dass meine Eltern nie wieder bei mir in der Wohnung übernachten dürften.

Meine Mitbewohner dagegen waren begeistert. »Frau Lehmann«, riefen sie, »so sauber war unser Bad noch nie, kommen Sie bitte bald wieder. Wir können auch Sebastian rauswerfen, und Sie dürfen einziehen.«

Mein Vater trank am letzten Abend meine komplette WG mit eigens mitgebrachtem Schwarzwälder Kirschwasser unter den Tisch. Noch Jahre später kursierten in der Berliner WG-Szene Geschichten vom legendären ersten Berlinbesuch der Lehmann-Eltern.

Doch das ist lange her. Inzwischen mieten sich meine Eltern in einem Hotel am Hauptbahnhof ein, wenn sie ihre alljährliche Stippvisite bei mir in Berlin absolvieren. Jedes Mal residieren sie in diesem Hotel, obwohl sie immer etwas auszusetzen haben: Die Croissants beim Frühstück sind zu trocken. Die Klimaanlage ist zu kalt. Die Heizung zu warm. Es gibt kein Rothaus-Bier beim Zimmerservice. Die Kirschwasserflasche passt nicht in den winzigen Minibar-Kühlschrank …

Tag 1

Heute fahren meine Eltern mit dem Zug nach Berlin. Rege SMS-Berichte halten mich über das Geschehen in ihrem ICE auf dem Laufenden:

> Gegenüber von uns am Tisch sitzt Uschi Glas, schreibt meine Mutter.

> Dein Vater schnarcht so laut, dass sich Uschi Glas beschwert hat. Sehr arrogant!, lautet die nächste Nachricht. Wann hat die denn zum letzten Mal einen guten Film gemacht?

> Kurz darauf: Gerade kamen Leute und wollten uns von unseren Plätzen vertreiben, weil sie angeblich auch hier reserviert haben. Unverschämt!

> Diese Bahn!!111! Die bringen einem nicht mal Kaffee an den Platz, wenn man nicht in der 1. Klasse sitzt.

> Warum fährt Uschi Glas eigentlich nicht 1. Klasse? Läuft halt nicht mehr mit ihrer Karriere …

Wir haben einen Kegelverein aus Aschaffenburg kennengelernt und trinken mit denen jetzt Prosecco im Bordbistro.

Ist doch nicht Uschi Glas, dein Vater hat sie nach einem Autogramm gefragt, und sie hat mit Lisa Eckhart unterschrieben.

Hat sich gerade rausgestellt, dass wir auf den falschen Plätzen sitzen. Wir wären eigentlich Wagen 4. Na, da ham die halt vorhin Pech gehabt.

Sag mal, Sebastian. Meinst du, dass das falsch angezeigt wird, wenn hier steht, dass unser Zug nach Paris fährt?

Hallo Sohn, warum antwortest du denn nie?

Jetzt sind wir schon in Offenburg. Die erste halbe Stunde Fahrt haben wir hinter uns.

Als sie schließlich mit leichter Verspätung von fünf Stunden (Umweg über Frankreich) in Berlin ankommen, wollen sie erst kurz ins Hotel.

Ich warte und warte, bis meine Mutter schließlich anruft.

»Sebastian, wir kommen etwas später zu dir.«

»Noch später? Ich warte schon ewig auf euch! Ihr seid doch schon vor zwei Stunden in Berlin angekommen. Muss Papa erst noch seinen Prosecco-Rausch ausschlafen?«

Stille.

»Hallo? Mama? Bist du noch dran?«

»Nein, unter dem anderen!«, ruft sie plötzlich sehr laut. Dann höre ich nur noch Stimmengewirr.

»Was macht ihr denn da?«, frage ich.

»Wir sind auf dem Ku'damm shoppen.«

»Das hört sich aber nicht wie das KaDeWe an …«

»Gewinne, Gewinne, Gewinne«, höre ich eine fremde Stimme raunen.

»Es ist unter dem Rechten!«, ruft mein Vater.

»Sorry, sorry«, sagt die fremde Stimme. »Noch ein Spiel?«

»Ist das etwa ein Hütchenspieler, Mama?«

»Nein, Sebastian! So was würden wir doch nie machen!«

»Ich geh noch mal zur Bank und hol Geld«, sagt im Hintergrund mein Vater.

»Wie viel Geld habt ihr denn schon verloren?«

»Beim ersten Spiel haben wir gewonnen!«

»Ja, und die restlichen verloren. Das ist Abzocke. Werft euer Geld doch nicht so aus dem Fenster!«

»Ob wir unser Geld einem Hütchenspieler oder dir geben, ist doch auch egal«, ruft mein Vater.

»Mir ist es nicht egal«, sage ich.

»Weg ist weg.«

»Es war sinnvoll, mir Geld zu geben. Ihr habt damit zum Beispiel meine Ausbildung finanziert.«

»Sebastian, du hast Philosophie studiert.«

»Ich habe auch Philosophie studiert«, sagt der Hütchenspieler.

»Siehst du!«, ruft mein Vater und legt auf.

Tag 2

Meine Mutter ruft aus Berlin an.

Meine Eltern sind allein in der Stadt unterwegs. »Sebastian, es gibt da ein Problem.«

»Oje, was ist denn heute passiert?«, frage ich besorgt.

»Dein Vater ist verschwunden!«

»Was soll das heißen: ›verschwunden‹?«

»Gerade war er noch da. Er wartete an einem Currywurst-
stand, und ich war nur kurz äh … im KaDeWe shoppen – und
als ich wieder rauskam, war er weg.«

»Dann ruf ihn halt auf seinem Handy an.«

»Sein Handy ist aus. Und liegt bei mir in der Handtasche.«

»Na ja, er wird schon wieder auftauchen. Er ist ein erwachsener Mann.«

Meine Mutter muss lachen. »Dein Vater allein in Berlin. Da
ist er doch völlig verloren. Er denkt, unser Hotel ist Teil einer
durchnummerierten Kette, und wir wohnen im ersten.«

»Im Motel One?«, frage ich.

»Ja genau, da, wo die Klimaanlage immer so kalt ist. Vielleicht gehen wir nächstes Mal lieber ins Merkur.«

»Meinst du das Mercure?«

»Sag ich doch!« Sie schnieft traurig. »Sebastian, es ist alles
meine Schuld. Ich hätte besser auf deinen Vater aufpassen sollen. Nicht, dass er überfallen wird oder bei jemand Fremdem
ins Auto steigt. Er ist doch immer so leichtgläubig. Ich rufe
jetzt die Polizei an und gebe eine Vermisstenanzeige auf.«

»Und was willst du den Polizisten sagen? Ein Mann, Anfang
siebzig, mit Glatze, Dreiviertelhose und Rucksack auf dem
Bauch, ist entlaufen. Schau dich mal um, alle Touris sehen so
aus.«

»Ich bin jetzt jedenfalls auf dem Weg zu dir.«

Plötzlich klingelt es an meiner Haustür. »Wart mal, Mama.
Da ist jemand an der Tür.«

Ich nehme den Hörer der Sprechanlage ab.

»Hallo«, meldet sich mein Vater. »Es ist was Schreckliches
passiert. Deine Mutter ist verschwunden.«

»Zum Glück findet ihr immer noch den Weg zu mir«, sage
ich und lege Sprechanlage und Telefon gleichzeitig auf.

Tag 3

Meine Mutter ruft wieder aus Berlin an.

»Du, Sebastian«, sagt sie. »Warst du schon mal bei diesem Italiener bei dir an der U-Bahn-Station essen?«

»Nee, den kenne ich gar nicht«, sage ich.

»Wir sitzen hier gerade, aber wir sind die einzigen Gäste.«

»Warum geht ihr denn jetzt essen? Ich wollte doch heute für euch kochen.«

»Genau deswegen!«, ruft mein Vater von hinten.

»Diese Körner, die du gestern gekocht hast, stecken mir immer noch in der Luftröhre.«

»Mama, das war Quinoa-Salat mit Kichererbsen.«

»Ich fand das nicht zum Lachen.« Mein Vater prustet los.

»Hör bitte auf mit deinen schlechten Witzen, Papa.«

»Was wolltest du denn heute kochen?«, fragt er kichernd. »Einen Honolulu-Salat?«

»Wenn du so weitermachst, bekommst du noch eine Comedy-Sendung auf Sat.1.«

»Also, das ist irgendwie ein komischer Italiener«, schaltet sich meine Mutter wieder ein. »Hier scheinen gar keine Italiener zu arbeiten.«

»Das ist normal in Berlin«, sage ich. »Der Inder nebenan wird von einem Kroaten betrieben. Und die Metzgerei von einem kurdischen Veganer.«

»Es gibt aber auch gar keine italienischen Gerichte auf der Speisekarte. Und es ist ganz dunkel hier drinnen.«

»Die Damen am Empfang waren dafür sehr freundlich«, sagt mein Vater.

»Allerdings sahen die nicht gerade italienisch aus, die waren alle blond.«

»Wo seid ihr da wieder reingeraten? Euch kann man in der Großstadt echt nicht allein lassen. Wie heißt denn dieses ominöse italienische Restaurant überhaupt?«

»La dolce vita.«

»Mama, das kein Italiener, das ist ein Stripclub!«

»Oh Gott! Deswegen sind auch alle nackt. Wir müssen hier sofort raus!«

»Och, jetzt lass uns doch wenigstens noch den teuren Sekt austrinken«, ruft mein Vater und legt auf.

Tag 4

Meine Eltern sind schon wieder allein unterwegs. Ganz angenehm ihr Besuch bis jetzt.

»Sebastian, wir kommen heute etwas später zu dir«, sagt meine Mutter am Telefon.

»Wirklich? Jetzt seid ihr schon seit drei Tagen in Berlin, und ich habe euch kaum gesehen.«

»Wir machen gerade eine Spreerundfahrt.«

»Ich weiß, Mama. Aber die geht doch nicht so lange.«

»Na ja, wir haben da vielleicht was falsch verstanden.«

»Wo seid ihr?«

»Ist das hier schon die Ostsee?«

»Das ist jetzt ein Witz, oder?«, rufe ich.

»Dein Vater meinte, die lange Rundfahrt würde sich vom Preis her eher lohnen.«

»Na, toll. Warum kommt ihr mich überhaupt besuchen, wenn ihr dann gar nicht da seid?«

»Du wolltest ja die Spreerundfahrt nicht mitmachen«, sagt meine Mutter

»Ihr macht auch gar keine Spreerundfahrt, sondern scheinbar eine halbe Kreuzfahrt.«

»Ja, das ist ein tolles Schiff«, sagt meine Mutter. »Wir haben sogar eine Kabine mit Balkon. Und morgen besichtigen wir Stettin.«

»Vielleicht hängen wir noch ein Wochenende in Schweden dran«, ruft mein Vater.

»Und dann ist es ja auch nicht mehr weit nach Island.«

»Wir waren auch noch niemals in New York.«

»Ich dachte, ihr wolltet morgen zu meiner Lesung in Berlin kommen«, sage ich enttäuscht.

Ich höre, wie mein Vater im Hintergrund einen Sektkorken knallen lässt. »Das wird dann wohl nichts. Wie schaaade …«

Plötzlich lautes Rauschen, als würde das Schiff meiner Eltern von einer Windböe durchgeschüttelt. Oder jemand direkt in das Mikrofon am Handy pusten.

»Sebastian, jetzt hören wir dich kaum noch«, ruft meine Mutter. »Wahrscheinlich, weil wir jetzt auf dem offenen Meer sind … Hallo? Hallo?«

Die Verbindung bricht ab.

Letzter Tag

Zwei Tage später treffe ich meine Eltern am Berliner Hauptbahnhof. Sie wollen mich auf einen Kaffee einladen.

»Sebastian, es war wieder schön bei dir in Berlin«, sagt meine Mutter.

»Ich mochte vor allem das italienische Restaurant.« Mein Vater schlürft an seinem Kaffee.

»Aber wann ziehst du denn wieder zurück nach Freiburg?«

»Mama, ich bleibe in Berlin. Wie oft willst du das noch fragen? Ich habe mir hier ein eigenes Leben aufgebaut.«

»Wir werden auch nicht jünger, Sebastian. Vielleicht brauchen wir bald deine Unterstützung.«

»Nachdem wir dich so lange unterstützt haben«, nuschelt mein Vater.

»Denk doch bitte noch mal über die Mehrgenerationen-WG nach.«

Ich schlucke. Plötzlich ist unser Gespräch so ernst geworden.

»Äh, ja, ich kann euch ja auch häufiger besuchen.«

»Oder wir ziehen zu dir nach Berlin!«, ruft meine Mutter.

»Wir könnten eine Wohnung kaufen, direkt bei dir im Haus ist doch eine frei …«

Mir fällt fast der Kaffeebecher aus der Hand. »Berlin! Ist doch! Nichts! Für euch!«

»Oh Gott, unser Zug!« Meine Mutter springt auf. »Wir müssen los.«

»Das war ein Witz, dass ihr nach Berlin zieht, oder?«

»Jaja, mal schauen«, sagt sie im Weggehen. »Mach's gut, mein Lieber!«

»Kannst du den Kaffee bezahlen?«, fragt mein Vater noch. »Wir sind spät dran. Außerdem war der Hütchenspieler echt teuer.«

»Ich ruf dich an, wenn wir zu Hause sind«, ruft meine Mutter noch, bevor sie verschwunden sind.

»Na, klar«, sage ich und bezahle die drei Kaffee. Nur siebzehn Euro.

Mein Stammbaum

Laut der ausführlichen Ahnenforschung meines Vaters lebten die Lehmänner und Lehfrauen schon in der römischen Kaiserzeit in der südbadischen Provinz und gingen verschiedenen handwerklichen Tätigkeiten nach. Sie arbeiteten zum Beispiel als Schuster, Sattler, Metzger, Bäcker, Zimmermann und Schreiner. Jeweils nur eine Generation lang, denn sie waren alle handwerklich sehr unbegabt.

»So wie du, Sebastian!«, ruft mein Vater.

»Der Apfel fällt bekanntlich nicht weit vom Stamm«, sagt meine Mutter zu meinem Vater. »Denk an dein selbst gebautes Gartenhaus, das in sich zusammengefallen ist, als ich eine getrocknete Blume an die Wand gehängt habe.«

Trotzdem versuchten sich meine Vorfahren immer wieder am Handwerken. Sie bauten schiefe Tische, schusterten Schuhe, deren Sohlen nach einem Tag abfielen, und backten Brötchen, die nach Katzenfutter schmeckten.

Einer meiner Vorfahren wurde immerhin Arzt. Doch im 15. Jahrhundert galt das ebenfalls noch als Handwerk, und eine Ungeschicklichkeit konnte weit tödlichere Auswirkungen haben als bei einem Schuster. Schließlich vertrieb man meinen Urahnen aus seinem Heimatdorf, nachdem er einem Kranken aus Versehen das falsche Bein mit einer Laubsäge amputiert hatte. Und danach das richtige Bein. So was hätte mir auch passieren können. Er siedelte sich in der nächsten größeren Stadt an, um Leichenpräparator zu werden, da durfte er so viele Beine absägen, wie er wollte, ohne verklagt zu werden. So kamen die Lehmänner nach Freiburg, wo sie allesamt stoisch blieben.

Wir spulen etwas vor. Denn eigentlich passierte die nächsten circa fünfhundert Jahre wenig in der Familie. Es wurden Kinder geboren, und Eltern zogen sie auf, bis die Kinder selber Eltern wurden, und so weiter.

In der Weimarer Republik des 20. Jahrhunderts verliebten sich schließlich Oma und Opa Lehmann. Praktischerweise besitzen sie fast den gleichen Stammbaum, weil sie Cousin und Cousine zweiten Grades oder so sind. Üblich damals, hört man. Angeblich verklagte die Familie meiner Oma trotzdem meinen Opa, weil ein Fenster, das er als unbegabter Glaser im Familiendomizil montiert hatte, nach wenigen Wochen aus dem Rahmen fiel und einen niedlichen Cocker Spaniel namens Adolf tötete. Dabei waren sie selbst unbegabte Schreiner und erlangten Berühmtheit für ihre dreibeinigen Stühle. Doch der Nachwuchs verliebte und vermählte sich trotz der jahrelangen gerichtlichen Auseinandersetzung. Schließlich kamen mein Vater und sein Bruder, Onkel Heiner, zur Welt.

Jetzt aber zum Stammbaum meiner Mutter: Sie stammt aus dem mächtigen bayrischen Adelsgeschlecht von Schlechttenberg, das seit Jahrhunderten als Großgrundbesitzer im Alpenvorland lebte. So jedenfalls die Aussage meiner Mutter; Belege für eine blaublütige Herkunft konnte ich nicht finden. Genauso wenig übrigens für die verschlungene handwerkliche Herkunft der Familie Lehmann meines Vaters. Aber wen interessiert schon wirklich, welchen Beruf mein Urururururgroßvater ausübte? Auf einer Party schlafen die Leute meistens schon ein, wenn ich erzähle, was *ich* beruflich so mache.

»Du hast ja auch keinen richtigen Beruf«, sagt mein Vater.

»Besser Schriftsteller als unbegabter Handwerker«, gebe ich zurück.

»Bin ich mir unsicher«, sagt mein Vater. »Vom Geld her sind unbegabte Handwerker eine Goldgrube. Sie müssen immer wiederkommen und alles reparieren.«

»Vielleicht sollte ich dann doch noch Dachdecker oder so werden?«

»Gefährlich, Sebastian. Leider auch für dich.«

In den Wirren der Nachkriegszeit verschlug es die Mutter meiner Mutter, meine Oma Theophila Mathilde Isolde Esther von Schlechttenberg (ich nannte sie später nur Omi), nach Freiburg, wo sie auf meinen Opa mütterlicherseits traf, der ein Waisenkind war und dessen Familiengeschichte ich deswegen glücklicherweise nicht erzählen muss. Sie vermählten sich und gebaren meine Mutter und Tante Hilde.

Wie lernten sich nun meine Eltern kennen? Von diesem schicksalhaften Tag kursieren einige sehr unterschiedliche Versionen, die meine Eltern mir über die Jahre auftischten. Manchmal werde ich den Verdacht nicht los, dass sie sich selbst gar nicht mehr erinnern, wann und wo sie sich zum ersten Mal trafen. Aber wichtig für mich persönlich: Sie haben sich getroffen. Der Rest ist Geschichte.

Mögliche Szenarien des Kennenlernens, die sie mir über die Jahre erzählten:

1. Meine Mutter verwählte sich, als sie eine Freundin anrufen wollte, und bekam meinen Vater ans Telefon. Sie fanden sich sofort sympathisch und verabredeten sich zu einem persönlichen Treffen.
Scheint mir eher unwahrscheinlich. Mein Vater redet ja nicht viel am Telefon. Und geht vor allem nie ran, wenn es klingelt.

2. Meine Mutter protestierte 1968 vor der Freiburger Uni. Mein Vater kam auf seiner Harley-Davidson vorbei, er war auf dem Weg nach Indien und nahm kurz entschlossen meine Mutter mit nach Goa.
Kann ich mir auch nicht richtig vorstellen. Meinem Vater wird ja schon schlecht, wenn er mit dem Auto

die Serpentinen im Schwarzwald fahren muss, da wird er es wohl kaum auf einer Harley nach Indien geschafft haben.

3. Mein Vater und sein Bruder Heiner versuchten an Weihnachten, illegal einen Tannenbaum im Wald zu fällen. Leider sägte mein Vater Heiner mit der Kettensäge in den linken Oberschenkel. In der Klinik trafen sie meine Mutter, die damals als Krankenschwester arbeitete.
»Eigentlich habe ich nur deinen Vater verarztet. Er kann ja kein Blut sehen und ist in meine Arme in Ohnmacht gefallen.«
»Das Bein von Heiner konnte man zum Glück wieder annähen«, sagt mein Vater. »Er humpelt inzwischen kaum noch.«

Wie auch immer sich meine Eltern kennenlernten, sie zogen zusammen und entschlossen sich, schnell nach ihrer Hochzeit, eine Familie zu gründen.
»Das war immer unser Traum«, sagt meine Mutter.
»Wir wussten ja vorher nicht, was da dabei rauskommen würde«, fügt mein Vater hinzu.
Bevor ich geboren wurde, kam allerdings zuerst mein Bruder Christian auf die Welt.
»Mit deinem Bruder hatten wir noch ja Glück«, sagt meine Mutter.
Und es stimmte: Christian war ein wunderschönes Kind. Schon als Siebenjähriger begann er als Model in New York zu arbeiten. Er war aber nicht nur schön, sondern auch total intelligent und studierte schon mit sechzehn als Hochbegabter Geldwissenschaften in Liechtenstein, der Schweiz und auf den Bahamas. Im Gegensatz zu mir bekam Christian mit seiner

Frau Christiane schnell zwei Kinder, meinen Neffen Chris und meine Nichte Christina.

Anfang der Achtzigerjahre des vorigen Jahrtausends kam dann schließlich ich zur Welt.

»Du warst von Anfang an etwas langsam und umständlich, Sebastian. Die Geburt dauerte vier Tage und sieben Stunden.«

»Nach so einer langen Zeit hätten wir ja etwas mehr erwartet«, sagt mein Vater.

»Und eigentlich wollten wir ja gern ein Mädchen.«

Meine Eltern freuten sich trotzdem angemessen.

»Als Baby warst du wirklich sehr niedlich. Vor allem im Vergleich zu jetzt …«

Sie tauften mich auf den langweiligsten Namen, der ihnen einfiel: Gotthilf-Ingbert. Zum Glück hatte der Standesbeamte Mitleid mit mir und trug in die Geburtsurkunde seinen eigenen Namen »Sebastian« ein. Jedenfalls behaupten das meine Eltern. Ich habe meine Geburtsurkunde noch nie gesehen

Es dauerte vierzehn Jahre bis meine Eltern diese gemeine Tat bemerkten.

Seitdem nennt mich mein Vater nur noch »Sohn 2«.

Doch eine Familie ist so viel mehr als ihre Geschichte, kein schnöder Stammbaum kann die verschlungenen Wege dieser Schicksalsgemeinschaft abbilden. Familie bedeutet Heimat – und wie jede Heimat nervt sie manchmal ganz schön. Immerhin kann man jederzeit zu ihr zurückkehren, wenn es einem mal schlecht geht und man dringend Geld braucht. Meistens wird man mit offenen Armen und offenem Bankkonto empfangen. Man bringt gegenseitig Verständnis auf, denn die meisten von uns sind entweder Kinder oder Eltern. Manche sind sogar beides. Und so geht es weiter bis zum Ende der Tage: Familie bindet ewig.

Außer die Klimakatastrophe vernichtet die Erde. Das ist natürlich auch immer eine Möglichkeit.

Teuer

Meine Eltern sind wieder gut in ihrer Heimat angekommen. Dieses Mal ohne Umweg über Paris. Meine Mutter ruft also wieder ganz normal aus Freiburg an.

»In Berlin gab's ja überall dieses neue Kraft-Bier«, sagt sie. »Sehr lecker. Meinst du, das bekommen wir auch in Freiburg?«

»Natürlich. Aber es heißt *Craft Beer*, Mama.«

»Sag ich doch! Das soll besonders stark sein.«

»Dann isses ja nichts für ihn«, ruft mein Vater von hinten.

»Ist dieses *Pahle Ahle* auch Kraft-Bier?«, fragt meine Mutter.

»*Pale Ale* heißt das«, sage ich. »Was ist eigentlich mit eurem Englischkurs?«

»Dein Vater wollte nicht mehr zum Englischkurs, weil er meinte, es wäre zu teuer, beides zu lernen, Französisch und Englisch.«

»Dieses Kraft-Bier ist auch so teuer!«, ruft mein Vater. »Außerdem schmeckt das komisch. Wie abgelaufenes Rothaus. Oder eigentlich noch schlechter.«

»Warum trinkst du denn abgelaufenes Rothaus?«

»Bier kann man doch nicht einfach wegschütten, nur weil das Haltbarkeitsdatum mal vier oder fünf Jahre überschritten ist.«

»Ich finde eh seltsam, dass Bier bei dir abläuft …«

»Ich hatte ein paar Kästen vergessen, die ich damals, vor zehn Jahren, als wir in den Ferien nach Spanien gefahren sind, versteckt hatte.«

»Hä? Warum versteckst du denn Bier, Papa?«

»Damit die Einbrecher das nicht klauen!«

»Glaubst du nicht eher, dass die andere Wertsachen stehlen?«

»Die haben wir natürlich auch alle versteckt!«

»Das erinnert mich daran, dass ihr mir meine Geburtsurkunde schicken wolltet. Habt ihr die etwa auch versteckt?«

»Natürlich!«, ruft meine Mutter.

»Warum sollte denn jemand meine Geburtsurkunde klauen?«

»Um deine Identität anzunehmen.«

»Vielleicht ist er gar nicht unser Sohn«, sagt mein Vater. »Und tut nur so, damit er Geld von uns bekommt. Du bist nämlich auch teuer.«

»Alles ist immer teuer bei dir, Papa. Das ist dein einziges Argument. Wie bei den Rechtspopulisten. Die haben auch nur ein Argument, nämlich dass die Geflüchteten an allem schuld sind. Eigentlich ist das nicht einmal ein Argument, sondern eine Meinung, aber da unterscheidet man heutzutage ja nicht mehr …«

»Sebastian, erzähle uns bitte mehr von deinen interessanten politischen Ansichten!«

»Ironie passt einfach nicht zu dir«, sage ich. »Ich habe sogar schon mal gehört, dass ein Rechter gesagt hat, die Geflüchteten seien daran schuld, dass in Deutschland kein richtiges Bier mehr getrunken wird.«

»Sondern nur noch ausländisches Kraft-Bier?«, fragt sie.

»Genau. Aber nicht nur die Rechtspopulisten reden die ganze Zeit von den angeblichen Problemen mit Geflüchteten, sondern auch ganz normale Politiker der linken Mitte – wie zum Beispiel Markus Söder.«

»Das war jetzt auch ironisch, oder?«

»Ja, Mama, richtig. Und wenn alle immer nur von den negativen Seiten der Migration reden, denken die Leute, dass es gar nichts Positives gibt. Aber was ist mit der kulturellen Bereicherung? Den Arbeitskräften, die Deutschland braucht? Dem guten Essen, das Deutschland noch viel mehr braucht? Überhaupt ist es doch schön, Menschen zu helfen.«

»Du hast früher auch nie im Haushalt geholfen«, sagt meine Mutter.

»Das hat doch jetzt damit gar nichts zu tun.«

»Mal Geschirr abspülen, dein Zimmer staubsaugen oder ein paar Kästen Rothaus kaufen.«

»Mama! Da war ich noch ein Kind, das kannst du mir doch nicht dreißig Jahre später vorwerfen.«

»Den Rasen mähen, neues Parkett im Wohnzimmer verlegen, mit dem Hund Gassi gehen …«

»Ein Kind!«

»Ist das dein einziges Argument, Sebastian?«

»Wir hatten gar keinen Hund. Nur Hamster Schnulle. Einen Hund wolltet ihr mir nie kaufen.«

»Ist ja auch zu teuer«, ruft mein Vater und legt auf.

Ganz in Weiß

»Wir haben deine Geburtsurkunde wiedergefunden«, sagt meine Mutter. »Sie lag in einem alten Buch ...«

»*Der Idiot* von Dostojewski«, ruft mein Vater von hinten. »Wahrscheinlich kein Zufall.«

»Super, ich brauch die jetzt nämlich dringend.«

»Aha, warum denn das?«

»So eine Sache beim Bürgeramt ...«

»Ihr heiratet!«, ruft meine Mutter. »Endlich ist es vorbei mit eurer wilden Ehe.«

»Bitte nicht schon wieder!«, unterbreche ich sie. »Katharina und ich heiraten nicht.«

»Wofür solltest du denn dann bitte die Geburtsurkunde brauchen, Sebastian?«

»Mama! Hör auf!«

»Würdest du denn in Weiß heiraten?«

»Ich soll ein weißes Kleid tragen? Okay, dann würde ich mir das noch mal überlegen.«

»Nein, deine Frau natürlich! Also Freundin jetzt noch ... Das wäre so schön, ganz in Weiß. In der Kirche.«

»Also, wenn wir heiraten, dann sicher nicht kirchlich.«

»Oh Gott!«, ruft meine Mutter entsetzt. »Das muss man aber.«

»Warum reden wir denn überhaupt darüber? Wir heiraten ja gar nicht.«

»Ihr heiratet doch nicht?« Meine Mutter schnieft traurig. »Jetzt hab ich mich schon so gefreut. Immer enttäuschst du mich.«

»Daran habe ich mich schon längst gewöhnt«, ruft mein Vater.

»Wir dürfen ohnehin nicht kirchlich heiraten«, sage ich.

»Wieso denn das?«

Ich schlucke. Jetzt hätte ich mich beinahe verraten. Natürlich habe ich meiner Mutter nie erzählt, dass ich schon vor Jahren aus der Kirche ausgetreten bin.

»Katharina ist nicht in der Kirche«, versuche ich abzulenken.

»Es reicht, wenn einer drin ist, um kirchlich zu heiraten«, weiß meine Mutter leider. »Und du bist ja in der Kirche.«

»Na ja.«

»Sebastian, du kommst in die Hölle!«

»Was?«

»Und wir enterben dich.«

»Haben wir doch eh schon gemacht«, ruft mein Vater.

»Okay, okay«, sage ich. »Wenn wir heiraten würden, was wir aber auf keinen Fall machen werden, würden wir natürlich kirchlich heiraten. Und in Weiß.«

»Dann bin ich beruhigt«, ruft meine Mutter.

»Schickt ihr mir jetzt bitte trotzdem meine Geburtsurkunde? Zum Glück ist die wiederaufgetaucht. Was soll denn das überhaupt, dass ihr immer alles versteckt, wenn ihr in den Urlaub fahrt? Bei euch wurde überhaupt noch nie eingebrochen!«

»Ja, weil die wissen, dass sie bei uns nichts finden.«

»Vor allem findet ihr nach dem Urlaub eure versteckten Wertsachen nicht wieder.«

»Doch. Kürzlich haben wir im Kassettenfach des alten Videorekorders mein Sparbuch gefunden. Und als dein Vater im Garten ein neues Beet angelegt hat, kam meine Schmuckschatulle wieder zum Vorschein.«

»Wisst ihr noch, als ihr in der Ferienwohnung in Marokko eure Pässe im Schirm einer alten Lampe versteckt habt und die dann Feuer gefangen haben und ihr dann sechs Wochen nicht ausreisen durftet?«

»Daran kann ich mich nicht erinnern, Sebastian. Das hast du dir wieder nur ausgedacht.« Ich höre förmlich, wie meine Mutter den Kopf schüttelt. »Also, ich schick dir die Geburtsurkunde, damit du die im Standesamt …«

»Mama, zum letzten Mal: Die ist nicht fürs Standesamt!«

»Sebastian, wart mal.«

»Was ist jetzt?«

»Die Urkunde ist, glaube ich, gar nicht von dir. Oder bist du am 5. August 1894 geboren?«

»Ist das die Geburtsurkunde von Uropa? Dem Schreiner mit den dreibeinigen Stühlen?«

»Wir suchen dann weiter nach deiner Urkunde«, sagt meine Mutter. »Wäre ja traurig, wenn du deswegen nicht heiraten könntest.«

»Ich lege gleich auf, wenn du nicht damit aufhörst!«, rufe ich.

Aber meine Mutter hat schon selbst aufgelegt.

Ein paar Tage später lese ich in einem alten Buch, das mal meinem Vater gehört hat. Als ich es aufschlage, fällt ein Hundertmarkschein heraus.

Exkurs 2

Die andere Mutter

Die Mutter meiner Freundin Katharina ruft aus ihrer Heimatstadt Mainz an.

Ich hätte nicht damit gerechnet, dass sie sich mal von sich aus meldet.

»Katharina ist gerade nicht zu Hause.«

»Und wer sind Sie?«, fragt die Mutter. »Katharinas Mitbewohner?«

»Nein, ihr Freund.«

»Aha, interessant. Sieht sie das auch so?« Katharinas Mutter lacht und überlegt dann kurz. »Ich habe schon einmal mit Ihnen gesprochen, oder?«, fragt sie schließlich. »Sind Sie Herr Lehmann?«

»Schön, dass Sie sich an mich erinnern können.«

»Ja, das ist schlimm. Ich kann Sie einfach nicht vergessen.«

»Katharina ist bei der Arbeit«, sage ich. »Sie kommt um sechs nach Hause.«

»Und Sie arbeiten nicht? Oder warum sind Sie vormittags zu Hause? Haben Sie nicht erzählt, dass Sie Lehrer sind?«

Ich schlucke. Meine Mutter hatte also doch recht. »Du sollst nicht lügen!«, hat sie früher immer gesagt. »Außer du lügst perfekt, das ist in Ordnung. Merkt ja dann keiner. Also ist das streng genommen gar keine richtige Lüge.«

»Ich arbeite im Moment von zu Hause aus«, lüge ich. Sie kann ja nicht überprüfen, dass ich gerade *Raumschiff Enterprise* geguckt habe. Oder spürt auch eine Schwiegermutter übers Telefon, was der Schwiegersohn in spe gerade macht und trägt? »Nicht als Lehrer, sondern als ähm … als Schriftsteller. Sie kennen doch meine Geschichten aus dem Radio. Das ist momentan mein Hauptbetätigungsfeld.«

Stille.

»Sind Sie noch dran?«, frage ich schließlich.

»Ich bin nur kurz in Ohnmacht gefallen. Es geht schon wieder. Meine Tochter wohnt mit einem sogenannten Künstler zusammen. Ich hätte nicht gedacht, dass es wirklich so schlimm ist. Immerhin hat mir Katharina erzählt, Sie könnten ganz gut kochen.«

»Ich gebe mir Mühe. «

»Wenigstens beim Kochen. Sonst ja eher nicht.« Katharinas Mutter lacht bitter. »Nicht jeder kann Glück im Leben haben.«

»Das ist ja gemein!«

»Ich meine nicht Sie, sondern meine Tochter. Und mich.«

»Manchmal habe ich Angst, dass die Kinder irgendwann so werden wie ihre Eltern«, sage ich.

»Ach, es besteht noch Hoffnung, dass Sie so werden wie Ihre Eltern?«

»Sie kennen meine Eltern nicht«, sage ich. »Ich richte Katharina dann aus, dass Sie angerufen haben.«

»Och, müssen Sie nicht. Ich wollte ja mit Ihnen sprechen.«

»Echt? Das kam mir gar nicht so vor.«

»Ich will ja auch mal den Mitbewohner unserer Tochter näher kennenlernen.«

»Das heißt, Sie rufen mich jetzt öfter an?«, rufe ich entsetzt, aber Katharinas Mutter hat schon aufgelegt.

Der Freund

»Bist du zu Hause?«, fragt meine Mutter.

»Ja, klar, ich sitze im Wohnzimmer und äh … arbeite hart an meiner Prokrastinations-Vermeidungsstrategie. Klappt so mäßig.«

»Aber ich habe dich doch gerade auf dem Handy angerufen.«

»Mama!«

»Kürzlich hast du mich noch ausgelacht, als ich dich gefragt habe, ob du zu Hause bist«, sagt meine Mutter.

»Da hast du mich ja auch auf dem Festnetz angerufen.«

»Sebastian, du bist zu Hause, obwohl ich dich auf dem Handy angerufen habe.«

»Immer musst du Offensichtliches aussprechen.«

»Das Handy funktioniert also auch zu Hause.«

»Und schon wieder!«, rufe ich. »Umgekehrt geht das übrigens nicht, ein Festnetz funktioniert nicht draußen.«

»Doch wir haben Empfang bei uns im Garten.«

»Gut, im Garten schon«, gebe ich zu. »Das ist halt noch in der Reichweite deines schnurlosen Telefons.«

»Beim Bäcker auch.«

»Der Bäcker ist direkt bei euch gegenüber, da reicht es halt auch noch. Aber die Frage ist eher: Warum nimmst du überhaupt das Festnetztelefon mit zum Bäcker?«

»Na, falls jemand anruft.«

»Das ist zwar eine Antwort auf meine Frage, aber gleichzeitig auch keine Antwort.«

»Ich hätte gern drei Mohnbrötchen und eine Brezel«, sagt meine Mutter plötzlich.

»Das ist jetzt ein Witz, oder?«

»Und zweimal Schwarzwälder Kirschtorte.«

»Hallo?«, rufe ich.

»Wart mal kurz, ich muss noch bezahlen.«

»Warst du jetzt gerade wirklich beim Bäcker?«, frage ich, als ich die Klingel der Bäckereitüre höre und meine Mutter wahrscheinlich wieder auf der Straße steht.

»Sag ich doch, das Festnetztelefon reicht bis dahin. Was ich dich eigentlich fragen wollte: Du kennst dich doch mit dem Internet aus, und da gibt es ja diese Serien zum Runterladen.«

»Was habt ihr gemacht?«

»Und wenn man dann aus Versehen auf die falsche Seite kommt ...«, lässt sich meine Mutter nicht beirren.

»Aus Versehen?«

»Na, weil man zum Beispiel auf der Maus ausgerutscht ist. Jedenfalls bekommt man dann so einen Brief, in dem steht, dass man Geld bezahlen soll, weil – wie hieß das? – sogenannte Urheberrechte verletzt worden seien.«

»Hast du illegal eine Serie runtergeladen und wurdest erwischt?«

»Ich doch nicht, Sebastian! ... Ich frage für einen Freund.«

Ich höre, wie meine Mutter die Haustür aufschließt und ins Treppenhaus tritt.

»Welchen Freund denn? Seit wann hast du Freunde, die ich nicht kenne?«

»Das ist doch jetzt nicht so wichtig. Muss er die fünftausend Euro bezahlen?«

»So viel? Was hat denn dieser ominöse Freund alles illegal runtergeladen?«

»Ich glaube, sämtliche Staffeln von *Hör mal, wer da hämmert* ...«

Meine Mutter scheint inzwischen wieder in der Wohnung angekommen zu sein. Jedenfalls höre ich im Hintergrund den Fernseher. Tim Taylor sagt, dass er irgendwas bohren muss.

»Ist dieser Freund von dir vielleicht Papa?«, frage ich.

»Nein, natürlich nicht!«

»Leider muss Papa das bezahlen«, sage ich, »selber schuld, wenn er sich erwischen lässt.«

»Hab ich doch gleich gesagt, dass es nichts bringt, ihn anzurufen«, ruft mein Vater und legt auf.

Der eigene Sohn

Ich rufe meine Mutter in meiner Heimatstadt Freiburg an.

»Das ist ja eine schöne Überraschung, dass du anrufst«, sagt sie.

»Er will doch nur was«, ruft mein Vater von hinten.

»Bestimmt möchte er uns zum Hochzeitstag gratulieren.«

»Äh, ja«, sage ich. »Genau deswegen rufe ich an. Alles Gute zum Hochzeitstag.«

»Von mir auch«, sagt mein Vater. »Ich geh dann gleich mal Blumen kaufen.«

»Das ist so lieb von dir, Sebastian. Immer denkst du an uns.«

»So bin ich. Aber ich hätte da noch eine Frage ...«

»Jetzt kommt's!«, ruft mein Vater.

»Mein Auto ist leider kaputtgegangen.«

»Hast du wieder beim Parken die Handbremse vergessen?«, fragt meine Mutter

»Nee, andersrum. Dieses Mal habe ich beim Fahren die Handbremse vergessen. Ist mir erst aufgefallen, als ich auf der Autobahn nicht schneller als dreißig fahren konnte. Die Lastwagenfahrer haben ganz schön gehupt.«

»Wir hätten damals im Krankenhaus fragen sollen, ob da was vertauscht wurde«, sagt mein Vater resigniert.

»Vielleicht könntet ihr mir nächstes Wochenende euer Auto leihen?«, frage ich unschuldig. »Ich muss zu einem Auftritt fahren, eine Lesung in einer anderen Stadt.«

»Sebastian, wir lieben dich zwar wie einen eigenen Sohn, aber ...«

»Ich bin euer Sohn!«

»Ja, wahrscheinlich.«

»Wenn ihr mal meine Geburtsurkunde finden würdet, könnte ich es auch beweisen«, sage ich.

»Na ja, wer weiß. Aber das Auto können wir dir wirklich nicht leihen, Sebastian. Hast du deinen Führerschein überhaupt schon wieder zurück? Nach dem kleinen Malheur kürzlich mit der Polizei ...«

»Malheur? Das war eure Schuld!«, rufe ich. »Aber ja, ich darf inzwischen wieder fahren, nachdem ich einen Monat warten und ein kleines Entgelt bezahlen musste. Und jetzt brauche ich euer Auto. Ich komme sonst nicht zum Auftritt. Es ist wirklich dringend!«

»Fahr doch mit der Deutschen Bahn.«

Wir lachen ein bisschen zusammen.

»Der Auftrittsort hat keine Bahnanbindung und ist viel zu weit weg, um mit dem Fahrrad hinzufahren. Google Maps sagt, ich bräuchte von Berlin aus zwei Tage und sieben Stunden.«

»Fahrradfahren ist gesund, Sebastian. Ein bisschen Bewegung tut gut. Das sagst du uns doch auch ständig.«

»Ich hab mir ja jetzt ein Mountainbike gekauft«, ruft mein Vater.

»Gut, dass du dich bewegen willst, Papa. Aber ist es in deinem Alter nicht ein bisschen gefährlich durch den Wald zu cruisen?«

»Das Mountainbike ist sogar mit Motor!«, sagt meine Mutter.

»Ein E-Mountainbike? So was gibt es? Das ist ja noch gefährlicher, mit Elektroantrieb sind die echt schnell.«

»Ist mit Benzin!«, ruft mein Vater.

»Ein Benzin-Fahrrad?«

»Ja, ist der SUV unter den Zweirädern!«

»Bist du sicher, dass das nicht um ein ganz normales Motorrad handelt?«, frage ich.

»Das würde auch den Schriftzug Harley-Davidson erklären«, sagt meine Mutter.

»Mein Vater hat sich wieder eine Harley gekauft, ich glaube es nicht! Wie damals in deiner wilden Phase, Papa.«

»Deine Mutter und ich sind damals sogar damit nach Goa gefahren. Nachdem wir uns an der Uni kennengelernt haben.«

»Ich weiß. Hast du schon häufiger behauptet. Dann könnt ihr ja mit der Harley rumfahren und mir euer Auto ausleihen.«

Meine Mutter stöhnt auf. »Na gut, Sebastian. Wir leihen dir das Auto. Weil du es bist.«

»Obwohl er es ist …«, brummt mein Vater.

»Aber wir hätten da gern eine kleine Sicherheit.« Meine Mutter räuspert sich.

»Was wollt ihr?«

»Fünfhundert Euro Kaution.«

»Ernsthaft? Von eurem eigenen Sohn?«

»Ich rufe jetzt im Krankenhaus an«, sagt mein Vater und legt auf.

Neue Herausforderungen

»Mach mal die Musik leiser, ich versteh dich ja kaum«, ruft meine Mutter. »Seit wann hörst du denn Klassik?«

»Ich lerne Klavier«, sage ich. »Deswegen befasse ich mich mit Piano-Musik.«

»Oje, Sebastian, ein Musikinstrument zu lernen ist ja nichts für dich.«

»Wieso denn das? Ich bin total musikbegeistert.«

»Dein Vater und ich ja nicht mehr so – nachdem wir dir fünf Jahre beim Blockflöte-Üben zuhören mussten. Seitdem bekomme ich Angstzustände, wenn ich auch nur eine Flöte sehe. Als wir neulich in der *Zauberflöte* waren, musste ich nach fünf Minuten das Theater verlassen.«

»So schlecht war ich nicht«, sage ich.

»Kannst du dich noch an den netten Herrn Krause aus der Wohnung neben uns erinnern?«, fragt meine Mutter.

»Musste der nicht in die Psychiatrie, weil er immer mit dem Kopf gegen die Wand geschlagen hat?«

»Ich konnte ihn ja verstehen.«

»Und das Vermögen, das wir deinen zwölf Flötenlehrern zahlen mussten«, ruft mein Vater.

»Schmerzensgeld.« Meine Mutter lacht bitter. »Drei von ihnen haben sich wohl ganz von der Musik abgewandt und arbeiten inzwischen für den Ohropax-Konzern.«

»Es war trotzdem richtig, dass ich als Kind ein Musikinstrument gelernt habe«, sage ich. »Das fördert die kognitiven Fähigkeiten und kann die Intelligenz steigern.«

»Warum willst du dann jetzt noch Klavier lernen?«, fragt meine Mutter. »Du bist doch schon so intelligent.«

Meine Eltern kichern.

»Ich suche mir immer wieder neue Herausforderungen. Man muss lebenslang lernen, damit man geistig nicht einrostet.«

»Ja, deswegen machen wir jetzt auch noch einen Italienischkurs«, sagt meine Mutter. »Ciao, il mio bambino.«

»Bitte nicht schon wieder. Ich dachte, so viele Sprachkurse sind dir zu teuer, Papa.«

»Shut up, you little bastard!«, ruft mein Vater.

»Immerhin Schimpfwörter hast du im Englischkurs gelernt. Wofür jetzt noch Italienisch?«

»Italien liegt uns hier im sonnigen Freiburg halt sehr nahe«, sagt meine Mutter.

»Na ja, es geht …«

»Baden ist die Toskana Deutschlands. Wir sind schneller am Mittelmeer als an der Nordsee.«

Ich muss lachen. »Was habt ihr denn noch so im Italienischkurs gelernt?«

»O sole mio, Sebastiano Lehmano!«

»Toll, Mama. Aber danke.«

»Senza una donna!«

»Hä, was?«

»Das ist doch auch ein Lied. Von diesem Sänger Zuckerohr.«

»Zucchero meinst du! Das heißt Zucker, das müsst ihr doch schon gelernt haben.«

»Caffè con latte e zucchero!«

»Papa, jetzt bin ich doch beeindruckt.«

»Stupido stronzo!« Mein Vater kichert.

»Sebastiano, wir gehen jetzt ein gelato essen …«

»Mama, es sind sieben Grad …«

»In Baden nicht! Hier in Südeuropa ist schon Sommer.«

»*O sole mio* kann ich übrigens schon auf dem Klavier spielen«, gebe ich an. »Also zumindest den Anfang …«

»Such dir lieber ein Hobby, das dich nicht überfordert, Sebastian. Wie wär's mit Briefmarkensammeln?«

»Oder kleinen Laubsägearbeiten«, schlägt mein Vater vor.

»Stricken?«

»Klavierspielen überfordert mich gar nicht!«, rufe ich sauer und lege auf.

Dann setze ich mich an mein Klavier und übe Tonleitern.

Im Nebenzimmer schlägt meine Freundin mit dem Kopf gegen die Wand.

Ding

Teil 1: Das Dings

»Sebastian, ich wollte dich fragen, ob du äh ... Dings machen könntest?«

»Dings? Was soll ich machen?«

»Denk doch mal ein bisschen mit«, sagt meine Mutter empört. »Du könntest deinen armen Eltern ruhig mal helfen.«

»Dafür musst du mir schon sagen, was du meinst.«

»Darüber diskutiere ich gar nicht mit dir. So etwas sollte für einen Sohn selbstverständlich sein.«

»Also bin ich doch der eigene Sohn? Aber was sollte denn so selbstverständlich sein?«

»Immer müssen wir betteln. Dabei haben wir euch Kinder jahrelang aufgezogen, die Ausbildung finanziert und auf so viel verzichtet – und jetzt im Alter, wenn unsereins mal Hilfe braucht: nichts!«

»Liebe Mutter, ich helfe euch ja!«

»Jetzt ist es auch zu spät. Wenn es nicht von Herzen kommt, dann, ach ...« Sie schnieft traurig.

»Mama, es tut mir leid! Ich mache es ja ...«

»Warum denn nicht gleich so?«

»Ja, du hast recht. Ein Sohn sollte auf jeden Fall, äh ... Dings machen für seine Eltern.«

»Danke, Sebastian. Das macht mich wirklich glücklich. Dein Vater möchte auch noch mit dir sprechen.«

Sie gibt das Telefon weiter.

»Papa, was meint sie denn?«

»Ich habe keine Ahnung«, sagt mein Vater. »Aber sie hat sicher recht. Also mach jetzt verdammt noch mal Dings! Und zwar zackig!«

Er legt auf.

Teil 2: Die Dinger

»Weißt du vielleicht, wo diese Dinger sind?«, fragt meine Mutter, eine Woche später.

»Mama, könntest du dich bitte dieses Mal etwas genauer ausdrücken. Von welchen Dingern sprichst du denn?«

»Diese Teile, mit denen man das verdammte Ding ankriegt?«

»Sitzt du am Computer?«, frage ich. »Und meinst du das Internet?«

»Nein ...« Sie hält kurz inne. »Doch. Aber das Ding geht nicht. Also schon, aber dann passiert nichts.«

»Hier steht, dass man die Dinger erst installieren muss«, ruft mein Vater von hinten.

»Jetzt mach doch mal das andere Ding aus«, ruft meine Mutter zurück.

»Was steht denn auf dem Bildschirm?«, frage ich.

»Welchem Bildschirm? Dem von dem großen oder dem von dem kleinen Ding?«

»Vom Computer, Mama!«

»Na, nichts steht da.« Ihre Stimme klingt verzweifelt. »Das ist doch das Problem mit diesen Dingern! Nie findet man die.«

»Mach das Ding doch einfach aus und wieder an, dann geht es bestimmt.«

»Toller Ratschlag, Sohn 2. Dafür hättest du nicht siebzehn Semester studieren brauchen.«

»Ich habe eben nicht Informatik studiert, sondern ... äh ... Dings. Verdammt. Ihr macht mich ganz kirre.«

»Das mit den vielen Wörtern?«, fragt meine Mutter.

»Genau: Germanistik«. Ich muss mich beherrschen, nicht mit dem Kopf auf den Tisch zu schlagen. »Vielleicht musst du erst mit dem Dings über den Bildschirm dingsen – und dann kommen die Dinger wieder zurück, und du kommst ins Dingens.«

Für einen Moment herrscht Stille. Dann ruft meine Mutter: »Oh, danke, Sebastian, jetzt geht's! Du bist ein Schatz!«

Sie legt auf.

Ich habe keine Ahnung, was ich meine Mutter gerade erklärt habe.

Teil 3: Der Dings

»Sebastian, gestern im Supermarkt stand der Dings hinter mir an der Kasse.«

»Der von drüben? Der Schauspieler?«, frage ich.

»Nein, wieso denn der? Das war doch sowieso ein ganz anderer! Und der gestern im Supermarkt war der Dings, mit dem du auf die Grundschule gegangen bist.«

»Meinst du Rafael?«

»Nein, natürlich nicht! Sondern der andere. Ihr wart eigentlich gar nicht befreundet. Eher im Gegenteil. Der hat dich immer geschubst. Einmal auch auf dem Spielplatz von der Rutsche. Gab eine schlimme Platzwunde.«

»Das ist ja furchtbar. Vielleicht kommt daher meine Angst vor Metall und glatten Flächen.«

»Wovor du alles Angst hast, Sebastian. Vielleicht solltest du mal eine Therapie machen.«

»Das dachte ich auch schon. Da gibt es ja viel aufzuarbeiten, zum Beispiel damals, als …«

»Jedenfalls stand der Dings im Supermarkt hinter mir an der Kasse«, unterbricht mich meine Mutter. »Der hat sich beschwert, dass ich zu lange beim Zahlen brauche, nur weil ich mit der Rita – du weißt schon, die Kassiererin, die kenne ich ja noch von Schwimmkurs, damals bei deinem Bruder, das ist auch schon über dreißig Jahre her – über ihre Hüft-OP gesprochen habe. Das hat bestimmt nicht länger als so fünfzehn bis zwanzig Minuten gedauert.«

»So kurz ist das jetzt auch wieder nicht …«

»Auf welcher Seite stehst du? Auf der deiner armen Mutter oder auf der von dem bösen Dings-Typen?«

»Wenn der Dings nicht Rafael ist, dann könnte das ja Sven gewesen sein, der war immer gemein zu mir. Das wäre vielleicht auch etwas für eine Therapie. Einmal hat er mich gezwungen, Regenwürmer zu essen. Seitdem habe ich Angst vor allem, was lang, schmal und grau ist …«

»Wie kommst du jetzt von dem unverschämten Dings im Supermarkt auf Regenwürmer?«, fragt meine Mutter. »Manchmal bist du wirklich verwirrt. Hast du gekifft?«

»Was? Ich bin Ende dreißig! Ich kiffe nicht mehr.«

»Nicht mehr? Ich hab's mir ja immer gedacht. Wo hast du die Spritzen versteckt?«

»Mama, Kiffen hat nichts mit Heroin und Spritzen zu tun!«

»Du scheinst dich ja gut damit auszukennen.«

»Was war jetzt mit dem ominösen Mitschüler im Supermarkt?«, frage ich.

»Beschwert sich einfach. Altersdiskriminierung ist das!«

»Sonst regst du dich darüber auf, wenn dir in der Straßenbahn jemand einen Sitzplatz anbietet.«

»Ich bin doch keine alte Oma! Auch Altersdiskriminierung!«

»Wie man es macht als junger Mensch, ist es falsch.«

»Vor allem ist es falsch, Drogen zu nehmen, Sebastian.«

»Zum letzten Mal: Ich nehme keine Drogen!«

»Wenn du das so vehement bestreitest, muss ja was dran sein. Also vielleicht am besten eine Suchttherapie.«

Ich atme tief durch. »Wie geht's denn jetzt Rita nach der Hüft-OP«, versuche ich, meine Mutter abzulenken.

»Ganz gut, nett, dass du fragst«, ruft meine Mutter plötzlich wieder bestens gelaunt.

Sie redet dann noch etwa fünfzehn bis zwanzig Minuten über Rita und Hüften und Operationen im Allgemeinen, aber ich höre nicht mehr zu, sondern spüle währenddessen das Geschirr der letzten fünf Tage ab. Eine Win-win-Situation.

Plötzlich ruft meine Mutter ständig meinen Namen.

»Was ist denn los, Mama?«

»Sebastian, du reagierst ja gar nicht mehr. Hast du wieder was genommen?«

»Ja«, sage ich, »aber nur Dings. Das ist nicht so schlimm.«

»Dann bin ich ja beruhigt«, sagt sie und legt auf.

.

Der Weg ist das Ziel

Meine Mutter ist am Telefon total aufgeregt. »Dein Vater hat sich etwas ganz Tolles gekauft! Eine Apple Watsch!«

»Watsch meinst du?«, frage ich.

»Das kennst du doch! So eine Uhr, mit der man auch telefonieren kann. Und die alle persönlichen Daten von einem sammelt.«

Ich bin beeindruckt. »Da hast du aus Versehen eine Apple Watch ziemlich genau beschrieben, Mama. Ist er damit nicht überfordert? Inzwischen schafft er es zwar, mit seinem Smartphone eine SMS zu schreiben, aber dann gleich eine Smartwatch?«

»Ich bin heute schon siebzehn Schritte gegangen«, ruft mein Vater von hinten.

»Überanstreng dich bitte nicht, Papa.«

»Und schau mal«, sagt meine Mutter zu ihm, »dein Herz schlägt auch noch. Drei Schläge pro Minute.«

»Oh Gott!«, rufe ich entsetzt. »Geht's dir gut?«

»Nein, das heißt, dass ich heute schon drei Kniebeugen gemacht habe.«

»Diese Uhr wird dein Leben völlig verändern, Papa«, sage ich. »Die Fettwerte werden nur so in den Keller purzeln.«

»Und die redet auch!« Meine Mutter klingt etwas zu begeistert. »Wie ein echter Mensch. Fast so wie das Navi im Auto. Manchmal macht sie sogar einen Witz.«

»Du freust dich ja fast so, als hätte ich noch ein kleines Geschwisterlein bekommen.«

»Na ja, das ist jetzt vielleicht etwas übertrieben. Die Uhr war zwar teuer. Aber lange nicht so teuer wie du!«

»Besser in Mathe als er ist sie auf jeden Fall«, ruft mein Vater. »Sie rechnet ständig aus, wie viele Schritte ich noch für mein Tagesziel gehen muss.«

»Und sie hat einen so schönen Namen. Miri heißt sie.«

»*Siri*, Mama.«

»Quatsch! Das ist doch kein Name für eine Uhr.«

»Wie heißen Uhren denn sonst so? Herr Rolex, oder was?« Ich schnaube verächtlich. Bin eifersüchtig auf eine Uhr? So begeistert haben meine Eltern jedenfalls schon lange nicht mehr von mir geredet. »Steht denn auch irgendwas Sinnvolles auf der Uhr?«, frage ich dann. »Vielleicht die Uhrzeit?«

Meine Eltern schweigen lange. »Nee, Sebastian, die finde ich gerade nicht.«

Ich höre, wie sie weiter auf der tollen Smartwatch rumtippen.

»Unglaublich!«, ruft mein Vater plötzlich. »Gestern bin ich sogar nur sechzehn Schritte gegangen.«

»So ist das doch nicht gemeint, Papa. Wenig Schritte sind schlecht. Vielleicht solltest du meine Idee mit dem Nordic Walking noch mal überdenken?«

»Und du solltest das mit der Mehrgenerationen-WG noch mal überdenken«, ruft meine Mutter.

Oje, sie hat es leider immer noch nicht vergessen.

»Wenn ich besonders große Schritte mache, schaffe ich sogar nur achteinhalb am Tag!«

»Zur neuen Uhr hat sich dein Vater auch gleich noch einen neuen Fernsehsessel gekauft«, sagt meine Mutter. »Mit Rollen. Damit kann er durch die ganze Wohnung rollen.«

»Liebe Eltern, wie oft soll ich euch das noch sagen, bis ihr endlich mal auf euren Smartsohn hört? Bewegung ist wichtig. Und vielleicht eine echte Fahrradtour – nicht mit dem Benzin-Mountainbike? Oder geht wenigstens ein bisschen an der frischen Luft spazieren.«

»Aber wohin denn, Sebastian? Wir kennen doch alles in Freiburg.«

»Das ist doch völlig egal. Hauptsache, ihr kommt mal raus.«

»Nicht alle leben so wie du. Und studieren siebzehn Semester Philosophie, weil ihnen egal ist, wohin sie gehen.«

»Der Weg ist das Ziel!«, sage ich.

»Und ich mag eben kurze Wege«, ruft mein Vater und legt auf.

Therapie

»Gerade ist es schlecht«, flüstere ich, als meine Mutter anruft. »Ich sitze beim Arzt im Wartezimmer.«

»Oje, bist du krank?«, ruft sie besorgt. »Ist es wieder der Furunkel am A...«

»Nicht so laut«, zische ich. »Das ganze Wartezimmer kann dich hören.«

»Bin ich dir etwa peinlich?«

»Darum geht's doch jetzt nicht.«

»Du warst als Kind auch oft peinlich. Zum Beispiel, als du beim Fußball in der F-Jugend ins eigene Tor geschossen hast. Dreimal hintereinander.«

»Das waren immerhin die einzigen Tore meiner Fußballer-Laufbahn.«

»Trotzdem haben wir dich nie verleugnet.«

»Papa hat nach dem Spiel so getan, als wäre ich adoptiert«, sage ich. »Deswegen bin ich übrigens auch beim Arzt. Ich mache eine Psychotherapie wegen meiner traumatischen Kindheit und vor allem Jugend.«

»Die war eher für uns traumatisch!«, ruft mein Vater von hinten.

»Deine Kindheit war behütet und harmonisch. Das habe ich dir schon oft gesagt. Es sind nicht immer die Eltern schuld, wenn es später im Leben nicht läuft.«

»Es läuft doch bei mir, Mama!«, rufe ich laut.

Beim Wort »Mama« blicken mich die anderen Patienten im Wartezimmer verstohlen an. Besonders die Männer. Einer nickt mir aufmunternd zu.

»Ich bin erfolgreich. Jedenfalls meistens. Das ist nicht der Grund, warum ich eine Therapie machen will, sondern ...«

»Dein Drogenproblem?«

»Nein, nicht die Drogen!«, rufe ich leider wieder zu laut. Eine Frau im Wartezimmer flüstert ihrem Kind zu: »Siehst du, Tristan-Maria, es gibt Leute, denen geht es noch schlechter als dir.«

»Ich leg jetzt auf«, sage ich zu meiner Mutter.

»Ja, Sebastian. Das war schon immer dein Problem: Wenn's unangenehm wird, dann ziehst du dich zurück ...«

»Herr Lehmann, kommen Sie bitte!«, unterbricht uns auf einmal die Therapeutin, die ins Wartezimmer gekommen ist.

»Kann ich auch mal kurz mit ihr sprechen?«, fragt meine Mutter sofort.

Die Therapeutin schaut mich irritiert an. Ich gebe ihr mein Handy. Dann versteht sie immerhin sofort, warum ich eine Therapie brauche.

»Oje, Frau Lehmann, das ist wirklich schlimm«, sagt die Therapeutin ins Telefon, nachdem sie ein paar Minuten meiner Mutter zugehört hat. »Das verstehe ich. So einen Sohn wünscht sich niemand. Das muss wirklich traumatisch gewesen sein.«

»Sag ich doch!«, höre ich meinen Vater rufen.

Die Therapeutin nickt verständnisvoll und geht mit meinem Telefon ins Behandlungszimmer.

Ich bleibe im Warteraum zurück.

Alle anderen Patienten schauen mich kopfschüttelnd an. Die ältere Frau auf dem Stuhl neben mir rückt ein Stück von mir weg.

Wieder ein neues Trauma.

Theorie

Ich sitze am Küchentisch und starre den deformierten und unten vollkommen verbrannten Teigfladen an, der vor mir liegt. Mein erster Versuch, einen Pizzaboden selbst herzustellen. Doch wie meine Mutter leider zu Recht festgestellt hat: Ich kann nicht backen. Weder Kuchen noch Pizza. Ich nehme einen Schluck Sekt Medium. Leider ist mein gesprudelter Weißwein schon etwas abgestanden.

Das Telefon klingelt, ich nehme ab und rufe sofort: »Ich esse gerade.«

»Es ist sechzehn Uhr«, sagt meine Mutter. »Niemand isst um sechzehn Uhr! Nicht mal du!«

»Ich habe heute eben lange gebraucht, das Mittagessen zuzubereiten. Es gibt Pizza.«

»Das dauert doch nicht lang«, ruft mein Vater von hinten, »Verpackung aufreißen, Viertelstunde in den Ofen und drei Minuten essen – fertig.«

»Ich habe die Pizza natürlich selbst gemacht. Erst den Hefeteig für den Boden. Der musste gehen. Dann das ganze Gemüse für den Belag schneiden, andünsten, belegen, den Käse hobeln, Ofen vorheizen, schließlich backen. Hat vier Stunden gedauert.«

Vier Stunden Lebenszeit vergeudet.

»Schmeckt es wenigstens?«, fragt meine Mutter.

»Ja, sehr gut«, lüge ich. »Allerdings nicht unbedingt dreieinhalb Stunden besser als Papas Tiefkühl-Margherita. Das ist ja bei vielen Dingen im Leben so, nicht nur beim Kochen: Das Zeit-Qualitäts-Verhältnis stimmt nicht. Elfeinhalb Monate arbeiten und sich auf den Urlaub freuen, der nach zwei Wochen wieder vorbei ist. Zu einem Konzert oder Fußballspiel fahren, in der Schlange am Eingang stehen, im Stadion warten, danach wieder raus und nach Hause fahren – für neunzig Minuten, in denen deine Mannschaft auch noch verliert.«

»Oder auch bei Kindern«, ruft mein Vater. »Geht schnell, sie herzustellen, und dann hat man sie ein ganzes Leben lang an der Backe.«

»Oder wie ein Telefonat mit dem Sohn«, sagt meine Mutter. »Man will nur kurz fragen, wie es ihm geht, und bekommt seine ganze Lebensphilosophie aufgetischt.«

»Ach, da hätte ich noch mehr philosophische Theorien zur Lebensführung. Das interessiert euch bestimmt, liebe ehemalige Erziehungsberechtigte?«

»Nein, nicht schon wieder!«, rufen beide im Chor.

»Schön, das freut mich«, fahre ich einfach fort. »Zum Beispiel habt ihr mir kürzlich erzählt, dass alle Schweizer bei euch auf der Autobahn immer rasen. Weil sie das in ihrem Land nicht dürfen.«

»Worauf willst du hinaus, Sebastian? Dauert dein Monolog so lange wie deine Pizza?«

»›Alle Schweizer‹ habt ihr gesagt, aber das ist natürlich unpräzise ausgedrückt. Höchstens ›viele Schweizer‹ fahren zu schnell. Und überhaupt: Was ist die Datengrundlage eurer Untersuchung? Solche Vorurteile und verallgemeinernde Aussagen über Personengruppen sind gefährlich und leider im öffentlichen Diskurs sehr häufig. Bestimmt gibt es ebenso unzählige Schweizer, die sehr langsam Auto fahren, Käsefondue eklig finden und Berge hassen.«

Meine Mutter stöhnt auf. »Aber manche Sachen stimmen schon.«

»Genauso existieren ja nicht *der* Deutsche oder das *eine* Deutschland«, sage ich. »Auch wenn die Rechtspopulisten meinen, Deutschland solle sein wie das Bier mit dem Reinheitsgebot: bloß keine Einflüsse von außen. Kein *Pahle Ahle*. Und am Ende schmeckt alles nach Beck's.«

»Beck's ist kein Bier«, ruft mein Vater. »Sondern Wasser mit Biergeschmack.«

»Sebastian, du hast ja recht. Alle Menschen sind unterschiedlich.«

»Außer die Schwaben. Die sind alle geizig«, sagt mein Vater.

»Und alle Holländer fahren immer so langsam mit ihren Wohnwagen«, gibt meine Mutter zu bedenken.

»Und alle Mütter machen sich immer Sorgen«, sage ich.

»Und alle Söhne brauchen mit fast vierzig noch Unterstützung von ihren Eltern.«

»Und alle Väter trinken die ganze Zeit Bier.«

»Hauptsache, es ist kein Beck's«, ruft mein Vater und legt auf.

Ich öffne das Tiefkühlfach, hole eine Margherita raus und reiße die Verpackung auf. Eine Viertelstunde später ist sie fertig und schmeckt für den Zeitaufwand genau angemessen schlecht.

Exkurs 3

Uber-Eltern

Die Mutter meiner Freundin Katharina ruft an.

»Herr Lehmann, Sie haben mir doch erzählt, dass Sie so etwas in der Art wie ein Schriftsteller sind …«

»Wir haben da nämlich etwas erlebt, das mal aufgeschrieben werden müsste, Stefan«, ruft Katharinas Vater von hinten ins Telefon. »Eine sehr lustige Geschichte.«

»Wenn ich so Ihre Bücher lese, scheinen Sie ja etwas Inspiration nötig zu haben. Gerade was Humor an geht.«

Ich bin überrascht. »Sie lesen meine Bücher?«

»Na ja, im Internet gibt's ja diese Blick-ins-Buch-Funktion …«

»Also, die Geschichte!«, ruft der Vater. »Kürzlich hat jemand vor unserer Einfahrt geparkt, und wir kamen mit unserem Porsche Cayenne gar nicht mehr raus. Eine Unverschämtheit! Wir verständigten selbstverständlich sofort die Polizei, aber das dauerte alles zu lange – wir hatten einen wichtigen Termin auf dem Golfplatz –, da haben wir bei diesem neuen Fahrdienst Über oder wie der heißt angerufen …«

»Uber«, werfe ich ein. »Das kommt aus Amerika, da gibt's kein Ü.«

»Ach, kennen Sie sich damit aus?«, fragt Katharinas Mutter. »Sind Sie vielleicht selbst Fahrer?«

»Nein, ich bin doch Schriftsteller …«

»Genau deswegen rufen wir ja auch an«, schaltet sich wieder der Vater ein. »Warum unterbrechen Sie mich die ganze Zeit?

Schrecklich, keine Manieren mehr, die jungen Leute! Zu meiner Zeit war das noch ganz anders, da gab's dann einfach mal einen Klaps, nicht zu zart, auf den Hinterkopf oder auch in die Magengegend …« Er hält inne. »Wo war ich?«

»Sie haben ein ›Über‹ bestellt«, sage ich.

»Ruhe! Das habe ich doch gesagt. Jedenfalls war zum Glück gerade ein Über-Wagen ganz in der Nähe. Aber – und jetzt festhalten! – das war dann das Auto, das vor unserer Einfahrt geparkt hat.«

Die Eltern meiner Freundin lachen sehr laut, ich muss den Telefonhörer von meinem Ohr weghalten. Das geht so etwa drei Minuten.

»Stellen Sie sich vor, Sie sind Arzt und operieren gerade am Blinddarm«, sage ich schließlich in das abflachende Schwiegereltern-Lachen hinein. »Und ich komme in den OP gestürmt und rufe: ›Nee, das geht ganz anders. Sie müssen einfach mit dem Messer hier so reinstechen und dann mit dem Löffel alles raus.‹ So ist das auch, wenn Sie einem Schriftsteller erklären wollen, wie und worüber er schreiben sollte.«

»Ich bin Chefarzt in der Schönheitschirurgie«, sagt der Vater meiner Freundin. »Und ich würde den Sicherheitsdienst rufen und Sie gewaltsam entfernen lassen. Würde mir auch Spaß machen.«

»Und schreiben Sie darüber?«, fragt die Mutter.

»Eher nicht.«

»Wir könnten uns das gut in einem Buch vorstellen.« Katharinas Vater klingt plötzlich etwas versöhnlicher. »Sie müssen unsere Namen nicht nennen. Wir wären schon mit einem kleinen Dankeschön an die anonymen Ideengeber am Ende der Geschichte zufrieden.«

»Ich entscheide immer noch selbst, worüber ich schreibe! Die Kunstfreiheit ist ein hohes Gut.«

»Wir könnten auch etwas Geld springen lassen …«

»Ich bin doch nicht käuflich!«, rufe ich empört und lege auf.

Am Abend kommt Katharina nach Hause. »Soll ich dir von meinen Eltern geben.« Sie drückt mir fünf Euro in die Hand. »Und sie meinten: ›Wo das ist, wartet noch mehr.‹«

Diese Geschichte basiert auf den berauschenden Betrachtungen und genialen Ideen der Eltern meiner Freundin. Vielen Dank für die fruchtbare Zusammenarbeit und großzügige Unterstützung.

»Is was?«

Meine Eltern – Schwieger oder Original – tun ja oft so, als hätte ich in meinem Leben bis jetzt nicht viel erreicht. Dabei habe ich ausführlich studiert – sogar gleich drei Fächer: Neuere deutsche Literatur, Philosophie und Neuere Geschichte. Ich schreibe diese Studiengänge gern in ihrer vollen Länge und ganzen Pracht aus. Ich mag, dass alles ›neuer‹ ist, nur nicht die Philosophie.

Meine Magisterarbeit schrieb ich über das Verschwinden und das Nichts.

»Meinst du das ironisch?«, fragte meine Mutter damals. »Nach siebzehn Semestern Studium?«

Aber ich interessierte mich wirklich für das Nichts.

Martin Heidegger, der große Philosoph, der leider kein großer Mensch war, sondern Antisemit und Bewunderer der Hände von Adolf Hitler (kein Witz!), prägte die tollen Sätze: »Diese im Ganzen abweisende Verweisung auf das entgleitende Seiende im Ganzen, als welche das Nichts in der Angst das Dasein umdrängt, ist das Wesen des Nichts: Die Nichtung. […] Das Nichts selbst nichtet.«[8]

Was sollte es auch sonst tun? Beziehungsweise nicht tun.

Wie meine Jobaussichten nach siebzehn Semestern Studium der Neueren deutschen Literatur, Philosophie und Neueren Geschichte. Jedenfalls lautet ein weit verbreitetes Klischee, dass man nach einem Studium der Neueren deutschen Literatur, Philosophie und Neueren Geschichte keinen Beruf findet. Außer als Taxifahrer.

---

8 Martin Heidegger: *Was ist Metaphysik?* Klostermann 2007. S. 37.

»Und du kannst ja nicht mal Autofahren«, sagt mein Vater immer.

Außerdem habe ich einen sehr schlechten Orientierungssinn. Doch beides, so konnte ich als Fahrgast unzähliger Taxis feststellen, spricht nicht unbedingt dagegen Taxifahrer zu werden.

Heidegger, der so unsympathisch war, dass ich ihn ab jetzt nur noch *Hi Digger* nenne, meint, dass das Nichts und die Angst vor dem Nichts die Menschen dazu veranlassten zu fragen, warum etwas auf der Welt existiert, warum wir existieren. Und nur, wenn wir diese unangenehmen Fragen stellen, lebten wir »eigentlich«, also sinnvoll.

Das Nichts, so Mr. Hi Digger, erzwinge die Grundfrage der Metaphysik und damit der Philosophie: »Warum ist überhaupt Seiendes und nicht vielmehr Nichts?«[9]

Nun bin ich mir meistens halbwegs sicher, dass was ist. Doch das viel auch wieder schnell verschwinden kann, wenn man mal kurz nicht hinguckt. Menschen und Überzeugungen und Geld. Und vielleicht auch die Welt, wie wir sie sehen und verstehen.

Da kommt ein anderer Philosoph ins Spiel, der ähnlich kryptisch schreibt wie Hi Digger, nämlich der Franzose Jean Baudrillard. Der meinte, die Welt verschwinde allmählich. Das schrieb er schon in den Siebzigern des vorigen Jahrtausends, mittlerweile müsste sie also wirklich endgültig verschwunden sein, unsere schöne neue Welt.

Doch alles spricht dagegen. Dieses Buch, das Sie gerade in den Händen halten, ist zum Beispiel da. Und Sie existieren wahrscheinlich auch, liebe Leserin oder lieber Leser. Außer niemand kauft das Buch, und niemand liest diesen Text. So wie meine Magisterarbeit damals. Würde dieser Text dann trotzdem da sein?

---

9 Heidegger, *Was ist Metaphysik?*, S. 45.

»Ja«, sagt mein Verleger Leif Greinus, »der Text existiert in den fünftausend unverkauften Exemplaren, die in meinem Keller lagern.«

Darauf wollte Baudrillard allerdings nicht hinaus. Sondern darauf, dass das Reale verschwindet und wir in einer Simulation leben. Er ging sogar noch weiter. Die Simulation habe sich schon so weit von einem möglichen Original entfernt, dass man gar nicht mehr merke, wie etwas simuliert werde.[10] Und das hat er vor vierzig Jahren geschrieben, da gab es noch nicht mal TikTok, glaube ich.

Als Veranschaulichung: Wie ich früher in der Schulzeit, wenn ich simulierte, dass ich krank sei, weil ich die Matheklausur nicht schreiben wollte. Meine Mutter konnte sich damals schon gar nicht mehr vorstellen, wie eine echte Krankheit ihres Sohnes aussah, so hatten meine Simulationen der Symptome die realen Kinderkrankheiten überschrieben.

Das Reale »verflüchtigt sich von Medium zu Medium«, schreibt Baudrillard, in der »exakten Verdopplung des Realen«, wenn es laufend reproduziert werde.[11] Ich poste und reposte und deepfake und poste das dann wieder, und am Ende bin ich mir nicht mehr sicher, ob das, was ich gepostet habe, wirklich real ist.

Kürzlich habe ich zum Beispiel ein Video gesehen, in dem Obama als US-Präsident im Senat nach einer Rede sein Mic dropt wie ein Hip-Hopper. Cool, dachte ich, habe ich damals gar nicht mitbekommen. Aber es war nur ein Repost von einem Post eines Mitschnitts einer Fernsehsendung, die das als Witz

---

10 Siehe dazu auch die bahnbrechende und epochale Magisterarbeit von Sebastian Lehmann, MA: *Christian Kracht und das Verschwinden*, FU Berlin 2011. Einzig existierendes Exemplar bei mir zu Hause, Standort: Regal Billy 2.

11 Jean Baudrillard: *Der symbolische Tausch und der Tod*, Matthes & Seitz 1982, S. 113 f.

gefakt hat. Wenn ich das nicht lange recherchiert hätte, würde ich es noch immer glauben. Irgendwie ist es dann eben egal – und real.

So wie wenn ich meinen Eltern erzählen würde, dass ich mit den Verkäufen meiner Büchern Millionen verdiene. Sie würden es natürlich sofort Schmidts von gegenüber weitererzählen. Und die wieder ihren Freunden: »Hast du schon gehört, der Sohn der Lehmänner ist jetzt Schriftsteller und Millionär.« Und am Ende steht das bei Wikipedia, und meine Freunde wollen sich Geld von mir leihen. Natürlich werfe ich auch gern mit meinen Simulations-Millionen um mich. Bis mein Bankberater anruft und sagt, dass es so nicht weitergehen könne. Er würde mir raten, Aktien zu kaufen. Um damit meine Schulden zu refinanzieren oder so, ich verstehe es nicht ganz. Schon wäre ich ein Millionär wie Donald Trump: in Schulden. Aber alle glauben andersrum. Und leihen mir noch mehr Geld.

Baudrillard hat am Ende seines Lebens die tolle Frage gestellt: »Warum ist nicht alles schon verschwunden?« Ähnlich schwer zu beantworten wie die Frage von Hi Digger: »Warum ist überhaupt Seiendes und nicht vielmehr Nichts?«

Es ist ja noch was da. Aber sind wir damit zufrieden?

Sollte man zumindest. Denn irgendwann nichtet ja das Nichts wirklich, jedenfalls für mich persönlich. Mein Leben verschwindet sicher irgendwann – und damit meine Welt. Das klingt ein wenig deprimierend, doch so ist es nicht gemeint: Ich bin in diesem Moment da, ich – frei nach Hi Digger – »seie« hier auf Erden. Ob alles real ist, weiß ich nicht. Mein Beruf, mein Buch, das Internet, diese zwei Menschen, mit denen ich so viel telefoniere?

»Sebastian, bist du noch dran?«, fragt meine Mutter plötzlich. »Du hast zwei Stunden lang nichts gesagt.«

»Fand ich eigentlich ganz angenehm«, ruft mein Vater von hinten.

Oh, ich hatte ganz vergessen, dass ich natürlich auch jetzt gerade mit meinen Eltern telefoniere.

»Äh ja. Mama, ich bin noch da. Was hattest du vorhin gefragt?«

»Ob was is?« Sie seufzt. »Du hast dich schon so lange nicht mehr bei uns gemeldet, und ich habe mir Sorgen gemacht.«

»Ja, es ist was! Was genau ist, weiß ich leider nicht. Auch nach so einem langen Studium der Neueren deutschen Literatur, Philosophie und Neueren Geschichte.«

»Ich dachte ja immer, du hättest *Neuere deutsche Frisur* und *Geisterwissenschaften* studiert.«

»Haha, Mama. Sehr lustig.«

»Wir sind auch stolz auf dich, wenn du Taxifahrer wirst.«

»Ist ein ehrenwerter Beruf«, sagt mein Vater.

»Und warum erzählt ihr dann allen, dass ich Lehrer oder Rechtsanwalt bin?«

»Ist einfach glaubwürdiger, wenn man dich schon mal Auto fahren gesehen hat«, sagt mein Vater und legt auf.

Urlaub

»Wir überlegen gerade, wohin wir dieses Jahr noch in den Urlaub fahren könnten«, sagt meine Mutter.

»Aber nicht wieder nach Berlin, oder?«, rufe ich panisch.

»Wir wollen Ferien machen – nicht zu dir.«

»Ihr wart doch gerade auf den Malediven.«

»Dieses Mal nur ein kleiner Städtetrip. Um unsere neuen Fremdsprachenkenntnisse zu testen.«

»Und vielleicht schreibt ihr euch dieses Mal auf, wo ihr eure Wertsachen versteckt«, schlage ich vor.

»Nein, das geht doch nicht! Wenn jemand den Zettel klaut? Das ist ja wie eine Schatzkarte.«

»Eine Schatzkarte zu meiner Geburtsurkunde, nicht schlecht. Ich war ja auch gerade im Urlaub, um mich ein wenig zu erholen.«

»Wovon solltest du dich denn erholen?«, fragt mein Vater.

»Richtig entspannend war mein Urlaub leider nicht«, sage ich. »Am ersten Tag habe ich gleich einen schlimmen Sonnenbrand bekommen, Sonnencreme mit Faktor fünf reichte am Strand leider nicht. Seitdem lösen sich zwanzig Zentimeter lange Hautlappen an meinem Rücken.«

»So unvernünftig. Du warst immer ein blasser und zarter Junge, da musst du vorsichtig sein.«

»Ich hatte auch zweimal eine Lebensmittelvergiftung: einmal nach der Fischsuppe – und beim zweiten Mal, als ich aus Versehen aus einem Putzeimer getrunken habe, weil ich dachte, da wäre Sangria drin … Ist ja egal.«

»Das ist bei unserem Sauf-Kurs auf den Malediven zum Glück nicht passiert«, ruft mein Vater.

»Immerhin werde ich morgen aus dem Krankenhaus entlassen. Ich hatte mir ja beim Sprung von einer Klippe ins Meer mein linkes Bein gebrochen.«

»Wo warst du denn eigentlich im Urlaub?«

»Ein verlängertes Wochenende an der Ostsee«, sage ich.

»Und wohin wollt ihr denn jetzt fahren?«

»Dein Vater hat Lyon vorgeschlagen.«

Ich stutze. »Aha, interessanter Vorschlag. Warum gerade Lyon und nicht Paris? Gibt es da irgendeine Verbindung, von der ich nichts weiß?«

»Nee, findet er kulinarisch interessant.«

»Lyoner!«, ruft mein Vater.

»Oder vielleicht nach Budapest in Ungarn …«, sagt meine Mutter.

»Salami!«

»Wir könnten dieses Jahr in Deutschland bleiben. Schöne Städte und Landstriche gibt es ja auch hier.«

»Nürnberg«, ruft mein Vater. »Oder Frankfurt.«

»Oder wie wäre es mit Thüringen?«, frage ich.

»Thüringer Rostbratwurst!« Ich höre, wie mein Vater mit voller Wucht auf den Tisch haut. »Sehr gute Idee, Sohn 2!«

»Liebe Eltern, ihr könnt doch eure Urlaubsziele nicht nach Wurstsorten aussuchen, die von da kommen.«

»Dann lieber Fleischsorten?«, fragt meine Mutter

»Was wollt ihr in Kassel?«

»Zürich soll doch schön sein.«

»Wien!«, ruft mein Vater. »Da gibt es beides: Wiener Würstchen und Wiener Schnitzel.«

»Hauptsache, nicht Berlin«, sagt meine Mutter.

»Die Berliner Currywurst ist aber legendär«, gibt mein Vater zu bedenken.

»Und wenn wir aus dem Urlaub zurück sind, besuchst du uns mal wieder in Freiburg, mein Schatz«, sagt meine Mutter dann. »Schließlich ist das hier dein Zuhause.«

»Mama, das hört sich jetzt vielleicht hart an, aber zu Hause ist für mich inzwischen Berlin. Immerhin wohne ich hier schon fast zwanzig Jahre.«

»Du bleibst dein Leben lang Freiburger!« Jetzt haut meine Mutter auf den Tisch. »Baden ist deine Heimat!«

»Das stimmt natürlich irgendwie«, sage ich. »Mit dem Begriff Heimat sollte man allerdings inzwischen vorsichtiger umgehen, den besetzen die neuen Rechten mittlerweile nationalistisch.«

»Für mich ist Heimat, wo es guten Schinken gibt«, wägt mein Vater ab.

»Spanien wäre also auch okay für dich?«

»Mmh, Serrano …!«

»Papa, bitte nicht das Spiel noch mal andersrum!«

»Parma!«

»Heimat ist für mich da, wo meine Familie ist«, sagt meine Mutter. »Also Freiburg …«

»Und Berlin!«, unterbreche ich sie. »Und euer anderer Sohn wohnt in Stuttgart, das wäre also dann auch Heimat für dich.«

»Oh Gott! Nie bei den Schwaben!«

»So schlecht ist der Schinken in Schwaben auch wieder nicht«, wirft mein Vater ein.

»Wenn für euch Badener sogar Schwaben Heimat sein kann, dann seid ihr wirklich Weltbürger«, sage ich und lege auf.

Elterngewerkschaft

»Mama, können wir später telefonieren? Ich bin gerade beschäftigt.«

»Was machst du denn so Wichtiges?«, fragt sie.

»Ich fülle einen Aufnahmeantrag für die Gewerkschaft aus.« Sie muss lachen.

»Gewerkschaften üben in unserer Gesellschaft eine wichtige Rolle aus, und das will ich unterstützen«, deklamiere ich. »Außerdem finde ich es gut, wenn meine Interessen gegenüber meinem Arbeitgeber vertreten werden.«

»Du bist doch leider selbstständig und dein eigener Chef«, wendet meine Mutter ein.

»Umso wichtiger, dass ich mich nicht selbst ausbeute.«

»Sebastian, Selbstausbeutung ist nicht dein Problem. Im Gegenteil: Ein bisschen mehr Ausbeutung wäre bei dir gar nicht schlecht, dann würdest du wenigstens mal finanziell auf eigenen Beinen stehen.«

»Man kann doch nur in eine Gewerkschaft eintreten, wenn man arbeitet«, ruft mein Vater von hinten.

»Zum allerletzten Mal: Ich arbeite! Ich bekomme Geld für meine Geschichten und Auftritte.«

»Und von uns ...«, brummt er.

»Wir sollten auch eine Gewerkschaft gründen«, sagt meine Mutter. »Eine Elterngewerkschaft. Die unsere Ansprüche gegenüber den Kindern vertritt, diesen verdammten Blutsaugern! Denken nur an ihre eigene Kapitalvermehrung anstatt an den familiären Zusammenhalt.«

»Oho, Mama, so klassenkämpferisch. Finde ich gut!«

»Enteignet Söhne und Töchter!«, deklamiert mein Vater.

»So weit würde ich jetzt nicht gehen … Außerdem besitzt ihr als Eltern die Produktionsmittel. Und die Reproduktionsmittel.«

»Die Elterngewerkschaft könnte sich auch darum kümmern, dass unsere Rente sicher bleibt«, sagt meine Mutter.

»Da braucht ihr euch keine Sorgen machen. Die Politiker wollen es sich nicht mit den älteren Wählern verscherzen.«

»Wir sind nicht alt, sondern Best Ager. Siebzig ist das neue vierzig.«

»Ist dann auch Ende dreißig das neue zwölf?«, frage ich.

»Bei dir stimmt's jedenfalls!«, ruft mein Vater.

»Vorsicht! Immerhin sichern wir Jungen mit unserer harten Arbeit eure Rente.«

»Harte Arbeit? Die ganze Zeit nur Party! Ich weiß doch, wie das bei dir in Berlin läuft.«

»Als hippe Best Ager geht ihr doch auch die ganze Zeit zu Ü70-Partys. Oder fahrt wenigstens mit dem Benzin-Mountainbike zu einem illegalen Rave in den Schwarzwald.«

»OMG«, ruft meine Mutter.

»Was?«

»Das heißt: *Oh my God*«, sagt sie. »Wir haben schon lange keine Party mehr gemacht, sondern chillen lieber nachmittags beim Kaffee.«

»Sag doch bitte ›entspannen‹, Mama. ›Chillen‹ passt irgendwie nicht zu dir, selbst als Best Ager.«

»Easy, Sebastian. Da brauchst du doch nicht gleich so eskalieren.«

»Woher hast du denn die ganzen Ausdrücke? Was ist denn mit dir los? Erst Klassenkampf und dann noch Jugendsprache. Siebzig ist nicht das neue siebzehn!«

»Dein Neffe Chris ist gerade zu Besuch. Und der dropt hin und wieder so ne Line. Dein Vater und ich versuchen, uns anzupassen. Sonst talkt er gar nicht mit uns.«

»Voll cringe.«

»Nice, das kenn ich noch gar nicht«, sagt meine Mutter. »Muss ich mir gleich aufschreiben.«

»Führst du ein Jugendsprache-Vokabelheft?«

»Man darf den Kontakt zu den Jungen nicht verlieren. Dein Vater hat sich jetzt ein Skateboard gekauft, und ich spiele den ganze Tag Minecraft. Aber Chris ist leider not impressed. Er scheint sich für gar nichts zu interessieren.«

»Eure Jugend ist schon so lange her, deswegen wisst ihr nicht mehr, was die Kids wirklich wollen.«

»Ach, und was wäre das?«

»Taschengeld«, sage ich.

»Da hat sich bei dir in den letzten zwanzig Jahren ja auch nichts verändert«, sagt mein Vater.

»In welche Gewerkschaft willst du überhaupt eintreten, my son?«, fragt meine Mutter dann. »Nimmt der Schriftstellerverband auch unerfolgreiche Comedians?«

»Wenn sie unerfolgreiche Bücher schreiben, bestimmt«, sage ich.

»Dann wär das ja was für dich, Digga.«

»Ach, wo ich euch gerade am Telefon habe«, sage ich. »Mein Chef hat mir wieder das Gehalt gekürzt, deswegen wäre es nett, wenn ihr mir mal wieder Taschengeld als Einmalzahlung im höheren dreistelligen Bereich überweisen könntet …«

Aber meine Eltern haben schon aufgelegt. *So sad.*

Exkurs 4

Die Geschenke der anderen

Die Mutter meiner Freundin Katharina ruft an.

»Sehr geehrter Sebastian«, sagt sie, »gut, dass wir dich erreichen.«

»Sie duzen mich jetzt?«, frage ich. »Nach nur sieben Jahren? Freut mich, dass Sie mich endlich als Freund von Katharina akzeptieren ...«

»Na ja, beschreiben wir es lieber so: Gezwungenermaßen nehmen mein Mann und ich zur Kenntnis, dass Sie ... äh ... *du* der ständige Mitbewohner unserer lieben Tochter bist.«

»Darf ich Sie dann auch duzen?«

»Übertreiben wir nicht gleich, Herr Sebastian. Ein bisschen Respekt für die ältere Generation kann nicht schaden. Das habe ich auch kürzlich mit deiner Mutter besprochen. Eine sehr verständige Frau.«

»Was? Sie haben mit meinen Eltern telefoniert? Das geht jetzt aber zu weit! Was hat sie denn gesagt?«

»Sie ist traurig, dass sie so wenig telefonieren.«

»Sie machen Witze.«

»Ja, aber meine sind im Gegensatz zu deinen lustig. Und ich verdiene damit kein Geld. Obwohl ... du ja auch nicht.« Katharinas Mutter lacht leise. »Wir wollen übrigens deine Eltern mal bei einem Kaffee kennenlernen.«

»Da muss ich ja nicht dabei sein ...«

»Das hab ich auch gesagt«, ruft der Vater meiner Freundin von hinten ins Telefon.

»Ich dachte da eher an ein gemeinsames Treffen beider Familien. Bei uns im Golfclub.«

»Dann will ich Sie aber auch duzen«, sage ich.

»Warten wir mal ab! Vielleicht ist die Zeit für solch ein ver-
trauliches Familientreffen auch noch nicht reif. Ich hätte da ohnehin erst eine andere Frage: Als Mitbewohner meiner Tochter
siehst du sie ja unvermeidlich jeden Tag. Und hättest deswegen
vielleicht eine Idee, was wir ihr zum Geburtstag schenken können? Du weißt sicher am besten, was sie braucht.«

»Ein neues Auto«, sage ich sofort. »Brauche ich … also ich
meine natürlich: Ein Auto braucht *sie* ganz dringend.«

»Aber sie hat doch gar keinen Führerschein«, ruft Katharinas
Vater.

»Wir können uns auch auf Geld einigen«, schlage ich vor.
»So fünftausend Euro. Am besten in kleinen Scheinen. Ich
gebe ihr dann alles an ihrem Geburtstag.«

»Ach, ich weiß nicht«, sagt die Mutter. »Das ist irgendwie so
unpersönlich.«

»Einen Gutschein … für fünftausend Euro vielleicht?«

»Einen Gutschein für Geld?«

»Ja, kann sie dann einlösen, wenn ich mal wieder Geld brauche. Oder einfach eine Überweisung auf mein Konto?«

»Was schenkst du ihr denn?«, fragt die Mutter.

»Ähm, eine Handtasche.«

»Ach, das ist ja nett. Da beteiligen wir uns.«

»Also, die war jetzt gar nicht soooo teuer. Habe ich kürzlich
bei eBay-Kleinanzeigen ersteigert. Eher so zehn Euro …«

»Wir schicken dir die Hälfte!«

»In kleinen Scheinen«, ruft Katharinas Vater und lacht.

»Es ist wirklich schön, mit Ihnen zu telefonieren«, sage ich dann.

»Das ist deine Sicht der Dinge, Sebastian.«

»Seit ich Sie kenne, weiß ich wieder, was ich an meinen eigenen Eltern habe!«, sage ich und lege auf.

Platz drei

»Sebastian, hast du es schon gehört?«, ruft meine Mutter erstaunlich enthusiastisch aus dem Telefonhörer.

»Was soll ich gehört haben? Dass die Welt wegen der Klimakatastrophe bald untergeht?«

»Immer bist du so negativ. Das macht dich nur unglücklich. *Fink positive*!«

»Ein bejahender Vogel?«, frage ich.

»Der Witz war so schlecht, der hätte von deinem Vater sein können.«

»Der war doch ganz gut«, ruft mein Vater von hinten. »Mein Sohn ist gar nicht so unlustig. Vielleicht klappt es doch noch mit Fernsehen? Vielleicht beim Offenen Kanal Freiburg-Wiehre?«

Meine Mutter lässt aber nicht locker: »Hast du schon gehört, dass deine Heimatstadt Freiburg auf Platz drei der besten Reiseziele der Welt steht? Hat ein Reiseführer ermittelt.«

»Toll. Und Berlin ist auf Platz zwei? Und auf Platz eins steht Kreuzberg …?«

»Berlin ist gar nicht auf der Liste. Ziehst du jetzt zurück nach Freiburg?«

»Nach welchen Kriterien haben die das denn überhaupt entschieden?«, frage ich.

»Freiburg besitzt viele tolle Eigenschaften. Es ist zum Beispiel das Tor zum Schwarzwald.«

»Berlin ist dafür das Tor zum Schwarzmarkt. Hier sind die Zigaretten und der Schnaps so billig wie nirgendwo sonst.«

»Außerdem ist Freiburg sehr umweltfreundlich. Wir unternehmen hier ganz viel gegen den Klimawandel. Und wir haben seit Jahrzehnten die beste Mülltrennung Europas.«

»Da freuen sich aber die Touristen, die Freiburg besuchen. So schöne grüne Mülltonnen im Breisgau! In Berlin trennen wir den Müll ebenfalls sehr sorgfältig. Man wirft einfach alles aus dem Fenster in den Hinterhof – und hofft, die richtige Tonne zu treffen. Meistens gibt es ohnehin nur zwei verschiedene: eine für Restmüll und die andere für leere Wodka-Glasflaschen.«

»Kulinarisch ist Freiburg auch sehr interessant. Hier gibt's nicht nur Döner wie in Berlin. Die Restaurants servieren bei uns eine Mischung aus französischer, alpenländischer und alemannischer Küche.«

»Was soll das sein? *Ochsenzunge au vin mit Kaiserschmarrn?*«, frage ich. »Außerdem gibt's hier nicht nur Döner, sondern auch Currywurst.«

»Stimmt!«, ruft mein Vater von hinten. »Wolltest du so eine nicht mal mitbringen, Sohn 2?«

»Freiburg ist zudem total grün, überall Bäume und Gärten«, lässt sich meine Mutter nicht beirren. »Und man braucht kein Auto, weil man alles sehr gut mit dem Fahrrad erreichen kann.«

»In Berlin kann man auch alles mit dem Fahrrad erreichen. Man muss es nur mit in die U-Bahn nehmen. Aber nicht in den ersten Wagen!«

»Das Wetter, Sebastian! Freiburg hat die meisten Sonnenstunden in Deutschland.«

»Ich besitze eine Tageslichtlampe.«

»In Freiburg leben aber deine Eltern und würden sich mal wieder über einen Besuch freuen.« Sie schnieft traurig.

»Ach so, Mama. Sag's doch gleich. Ich komme euch gern mal wieder besuchen.«

»Und bring auch was von dem billigen Schwarzmarkt-Schnaps mit!«, ruft mein Vater und legt auf.

Ich bin da

Die Vorbereitung

Der Besuch in Freiburg steht nun tatsächlich bevor. Ich bin ganz aufgeregt. Meine Eltern auch.

»Wenn du nächste Woche kommst, könntest du uns mal mit dem Navi im Auto helfen?«, fragt meine Mutter am Telefon.

»Weil, immer wenn wir zu Onkel Heiner fahren, sagt die Frau im Navi, wir sollen über die Talstraße fahren«, ruft mein Vater vom Fahrersitz. »Aber das dauert dann doch viel länger!«

»Schaltet das Navi doch einfach aus, wenn ihr den Weg kennt …«

»Wir fahren ja eigentlich immer nur Wege, die wir schon kennen. Aber dein Vater meint: ›Jetzt haben wir es bezahlt, dann schalten wir es auch ein.‹«

»Das ist wie mit dir«, sagt mein Vater. »Du warst auch so teuer in der Anschaffung, da können wir dich jetzt nicht einfach verstoßen.«

»Biegen Sie in hundert Metern links ab«, unterbricht uns plötzlich eine weibliche Computerstimme.

Mein Vater ist sofort empört. »Ich fahr hier immer geradeaus! Ich bieg doch nicht ab, nur weil diese Navi-Frau das sagt …«

»Du solltest eine männliche Stimme einstellen, Mama. Vielleicht hört Papa auf die.«

»Moment.« Ich höre, wie meine Mutter auf dem Navi rumtippt.

»Biegen Sie jetzt links ab«, sagt eine männliche Computerstimme, die seltsamerweise sehr an meinen Vater erinnert.

»Na, gut …«, murmelt mein Vater.

»Danke, Sebastian! Wann kommst du denn Mittwoch in Freiburg an?«

»Um eins!«, sage ich.

»So spät? Dann können wir ja gar nicht mehr zusammen mittagessen.«

»Wieso? Das passt doch gut.«

»Wir essen doch immer schon um elf Uhr dreißig zu Mittag.«

»Mama, da hab ich wirklich noch keinen Hunger. Das ist das Frühstück ja erst so … fünf Minuten her.«

»Wir frühstücken ja immer um halb sechs«, sagt meine Mutter. »Und um fünf gibt's Abendbrot.«

»Und abends esst ihr dann gar nichts mehr?«

»Abends gibt's Bier«, ruft mein Vater.

»Genau!«, sagt die Navi-Stimme.

Ich stutze. Diese neuen Navis sind wirklich hoch entwickelt.

»Vielleicht könnt ihr eure Essenzeiten etwas anpassen, während ich bei euch zu Besuch bin.«

»Nein, das geht auf gar keinen Fall! Dann kommt ja alles durcheinander.«

»Ihr seid beide Rentner, da könnt ihr ruhig etwas flexibler sein«, sage ich. »Ihr habt doch den ganzen Tag nichts zu tun.«

»Und du bist Künstler, da kannst du ruhig etwas flexibler sein«, sagt mein Vater. »Du tust doch den ganzen Tag nur, als hättest du was zu tun.«

»Lustig«, sagt das Navi.

»Schaltet mal das Navi aus!«

»Nicht dass wir uns verfahren«, sagt meine Mutter.

»Was soll's denn morgen überhaupt zum Mittagessen geben?«, frage ich dann.

»Schweinebraten mit Leberknödel an Schinken-Sahne-Soße.«

»Mmh, lecker! Genau das, was ich gern direkt nach dem Aufstehen esse. Aber ich muss aufhören, ich wollte jetzt wirklich frühstücken.«

»Sebastian, es ist elf!«

»Ja, manchmal bin ich etwas früher dran …«

»Sie haben ihr Ziel erreicht«, unterbricht mich das Navi und legt auf.

Zwei Stunden später klingelt das Telefon schon wieder.

»Mama, was ist denn jetzt noch?«

»Ich wollte dir auch noch schnell mitteilen, was wir alles für deinen Besuch geplant haben«, sagt sie.

»Bitte kein riesiges Programm! Ich habe nur ein paar Tage Zeit.«

»Also, wir gehen natürlich in den Ochsen essen, machen eine Wanderung im Schwarzwald – nur so vierzehn Stunden –, und dann besuchen wir noch Großtante Elfriede …«

»Elfriede ist doch leider letztes Jahr mit achtundneunzig gestorben, als sie mit ihrem Porsche gegen einen Baum gerast ist.«

»Friedhof, Sebastian! Da können wir auch gleich noch bei Uropa vorbeischauen. Und danach feiern wir meinen Geburtstag nach …«

»Mama, du hattest vor drei Monaten Geburtstag.«

»Da warst du ja nicht hier. Also bräuchte ich auch noch ein Geschenk von dir. Ich habe bei Amazon mal so eine Liste zusammengestellt … Alles über zweihundert Euro fände ich angemessen.«

»Wollen wir nicht noch gleich Ostern nachfeiern?«

»Die Eier sind schon versteckt.«

»Und meinen Geburtstag haben wir auch nicht gefeiert«, sage ich.

»Ja, genau. Das wollte ich dich nämlich noch fragen: Wolltest du dieses Jahr wieder eine Schnitzeljagd machen oder nur Topfschlagen?«

»Mama, ich bin achtunddreißig geworden.«

»Also Schnitzeljagd?«

»Ja, okay. Aber bitte nicht wieder auf dem Friedhof ...«

»Dann bis nächste Woche, mein Lieber. Wir freuen uns. Und vergiss meine Geschenke nicht!«

»Und den Schnaps vom Schwarzmarkt«, ruft mein Vater von hinten.

Tag 1

Meine Mutter ruft aus meiner Heimatstadt Freiburg an.

»Ich sitze ein Zimmer weiter«, sage ich. »Hast du schon vergessen, dass ich bei euch zu Besuch bin?«

»Ich bin gerade einkaufen. Was willst du am Samstag essen?«

»Mama, heute ist Mittwoch!«

»Man muss doch planen im Leben. Wenn man wie du einfach so in den Tag hineinlebt, sieht man ja, was dabei herauskommt.«

»Ja, ein erfolgreiches und glückliches Leben.«

»Dein Sarkasmus ist manchmal wirklich fehl am Platz, Sebastian.«

»Mama, das war nicht sarkastisch ...«

»Und wir müssen noch besprechen, welchen Zug du zurück nach Berlin nimmst«, unterbricht sie mich.

»Ich bin gerade erst angekommen. Willst du da schon wieder meine Rückfahrt planen?«

»Man braucht immer etwas, worauf man sich freuen kann«, ruft mein Vater von hinten.

»Ist Papa beim Einkaufen auch dabei?«

»Wir sind im Karstadt. Wir wollten dir und deiner Freundin einen Wickeltisch schenken.«

»Ich bekomme kein Kind!«

»Wie gesagt: Man muss im Voraus planen. Außerdem ist der Wickeltisch gerade im Sonderangebot.«

»Ich möchte keinen Wickeltisch, genauso wie ich jetzt nicht über meine Rückfahrt am Montag sprechen will.«

»Bleibst du doch länger? Das war aber nicht der Plan.«

Ich stöhne auf. »Na gut, liebe Eltern: Ich fahre am Samstag mit dem Zug um vierzehn Uhr zurück nach Berlin. Davor möchte ich gern Tortellini mit Tomatensoße essen.«

»Was? Am Samstag wollte ich aber Hackbraten machen!«

»Mama, du hast mich doch gerade gefragt, was ich essen möchte ...«

»Jetzt muss ich wegen dir alles umplanen! Immer das Gleiche. Auf dich ist einfach kein Verlass.«

Sie legt erbost auf.

Tag 2

Meine Mutter ruft schon wieder aus meiner Heimatstadt Freiburg an.

»Mama, du kannst auch einfach rüberkommen, wenn du mit mir sprechen willst.«

»Essen ist fertig!«, ruft sie so laut, dass ich sie doppelt höre, einmal aus dem Telefonhörer, einmal aus der Küche. In diesem Moment bekomme ich auch noch eine SMS von ihr: »Essen ist fertig.«

Ich gähne. Na, gut. Dann stehe ich eben auf. Es ist ja auch schon fast halb zwölf. Ich gehe in die Küche, wo mein Vater vor einem riesigen Teller mit Schinkennudeln sitzt. Immerhin gibt es heute keinen Schweinebraten oder Hackbraten zum Frühstück.

»Guten Appetit!«, ruft er und fängt sofort an zu essen.

»Ich habe für dich extra etwas ohne Fleisch gekocht«, sagt meine Mutter und reicht mir einen Teller mit Nudeln.

»Nur Nudeln, Mama?«

»Du willst ja keinen Schinken.«

»Genau. Vielleicht hast du dafür noch etwas anderes zu den Nudeln?«

»Aber was denn?«

»Gemüse? Eine schöne Zucchini oder vielleicht eine Paprika? Oder Tofu?«

»Es wird gegessen, was auf den Tisch kommt«, ruft mein Vater.

»In deinem Fall auch ziemlich schnell.«

»Solange du deine Füße unter meinen Tisch ...«

»Denk dir bitte mal neue Sprüche aus!«, unterbreche ich ihn.

Mein Vater hat seinen Teller schon leer gegessen und holt sich Nachschub.

»Das Leben ist kein Wunschkompott«, sagt meine Mutter.

»Konzert heißt das ...«

»Wenn du weiter so aufsässig bist, enterben wir dich«, sagt mein Vater mit vollem Mund.

»Gibt doch eh nichts zu erben bei euch.«

»Doch, den Tisch.«

Dann lächelt mich meine Mutter an und reicht mir einen Topf. »Hier ist noch etwas Tofuragout an Zucchinipesto, Sebastian.«

»Echt, Mama? Das ist ja toll.«

»War nur ein Witz.« Sie lädt noch mehr Nudeln auf meinen Teller.

Tag 3

Am letzten Abend meines Besuchs sitze ich mit meinen Eltern im Wohnzimmer. Inzwischen habe ich mich sogar an die
schwarzen Wände gewöhnt.

Ich schniefe und muss husten.

»Hast du dich erkältet, Sebastian?«, fragt meine Mutter besorgt.

»Ja, ich glaube letzte Nacht, als es so kalt war. Da ging die
Heizung bei mir im Zimmer irgendwie nicht.«

»Das ist Absicht!«, ruft mein Vater aus seinem Sessel. »Wir
sparen Energie.«

»Wir leben jetzt nämlich klimaneutral«, fügt meine Mutter
hinzu.

»Ihr seid nicht klimaneutral, nur weil Papa sich weigert die
Heizung anzuschalten, wenn es über minus fünf Grad ist. Hoffentlich habe ich mir keine Lungenentzündung geholt.«

»Zieh dir halt mal was Richtiges an!«, ruft mein Vater.

»Ich habe mir nachts die alte Armeejacke und die Meer-
schweinchenlederhandschuhe von Uropa vom Speicher geholt,
die er in Stalingrad anhatte – und trotzdem wäre mir fast ein
Finger abgefroren. Später habe ich mich vor den Kühlschrank
gesetzt, um mich ein bisschen aufzuwärmen.«

»Man muss eben sparen«, sagt meine Mutter, »sonst steigt
der Meeresspiegel, und Holland geht unter.«

»Fände ich jetzt persönlich nicht so schlimm …«, brummt
mein Vater.

»Du hast natürlich recht, Mama, man muss Heizung und
Energie sparen, aber bei euren Energiesparglühbirnen kann
man nicht mal mehr lesen.«

»Die haben vier Watt! Das reicht doch!«, höre ich es vom
Sessel rufen.

»Die Jugend von heute ist so verweichlicht«, sagt meine
Mutter. »Wir haben damals noch alle im gleichen Badewasser

gebadet, hintereinander die ganze Familie: die Eltern, alle Geschwister und meine siebzehn Cousinen.«

»Na, klar! Ihr wollt sowieso gar nicht klimaneutral leben, sondern nur Geld sparen ...«

»Das ist eben eine Win-win-Situation: Klima retten und gleichzeitig jedes Jahr Strom- und Heizkosten einsparen.«

»Für meinen nächsten Besuch bringe ich mir einen Dieselgenerator als Privatheizung mit!«

»Das arme Holland!«

»Oder du trinkst was von dem guten Schwarzmarkt-Schnaps, den du mitgebracht hast«, ruft mein Vater. »Der wärmt auch.«

»Okay, gib mir mal halt die Flasche«, sage ich.

Ich nehme einen Schluck, es brennt furchtbar in meiner Kehle, als hätte ich Glasscherben getrunken. Dann verschwimmt alles, und ich falle in Ohnmacht.

Ich komme erst wieder zu Bewusstsein, als ich im Auto meiner Eltern sitze, die mich zum Freiburger Bahnhof fahren, damit ich meinen Zug nach Berlin erwische.

»Der Berliner Schwarzmarkt-Schnaps ist dir gestern Abend nicht so gut bekommen«, sagt meine Mutter.

Ich stöhne und halte mir meinen schmerzenden Kopf. »Der war aber auch wirklich krass.«

»Verweichlicht!«, sagt das Navi und lacht.

Mama1234

Ich bin wieder zu Hause in Berlin. Seit nicht einmal vierundzwanzig Stunden. Und schon ruft meine Mutter an.

»Bist du gestern gut angekommen?«, fragt sie besorgt. »Hat alles geklappt? Du warst ja in keiner so guten Verfassung.«

»Ja, Mama. Mir geht es wieder bestens. Und der ICE ist ausnahmsweise auch nicht entgleist.«

»Du hast mir ja vorhin eine E-Mail geschrieben«, sagt sie dann, »deswegen rufe ich jetzt an.«

»Das klingt sehr vernünftig«, sage ich. »Ich schreibe dir dann gleich ein Fax als Antwort. Und die Brieftaube ist ebenfalls schon unterwegs.«

»Oje, nicht dass dein Vater die abschießt, er hat sich ein Luftgewehr gekauft.«

»Ein Luftgewehr? Langsam mache ich mir wirklich Sorgen. Wozu braucht er denn das?«

»Na, für die Taube.«

»Mama, das war ein Witz mit der Taube.«

»Tauben sind kein Witz, Sebastian. Auf dem Speicher bei uns hat sich eine eingenistet. Und nervt uns den ganzen Tag mit ihrem Gegurre!«

»Papa kann doch nicht einfach eine Taube erschießen!«, rufe ich entgeistert. »Das ist bestimmt illegal. Und auch ziemlich brutal.«

»Bis jetzt hat er sie auch noch nicht erwischt. Dafür aber einen Apfel auf meinem Kopf.«

»Das ist ein Witz, oder?«

»Ja, Sebastian. Er hat nicht getroffen.«

»Mama, du machst mich ganz kirre.«

»Also deine E-Mail«, lenkt meine Mutter ab.

»Ja genau! Hast du, als ich dir in Freiburg kurz meinen Laptop ausgeliehen habe, vielleicht die Jugendschutz-Sicherung eingeschaltet?«

»Was es da alles im Internet gibt, Sebastian. Das willst du gar nicht sehen.«

»Ich deute das als ein Ja. Wie lautet das Passwort?«

»Manche Sachen sollte man sich in deinem Alter einfach nicht anschauen, mein Kind.«

»Ich kann selbst entscheiden, was ich sehen will.«

»Wir wollen nur, dass es dir gut geht.«

»Ich weiß. Trotzdem könntet ihr mich mal ernst nehmen, ich bin erwachsen!«, rufe ich.

»Wir nehmen dich ernst, Sebastian.« Meine Mutter muss ein Lachen unterdrücken.

»Ich kann bei eurem Auto ja nicht mal hinten aussteigen, weil ihr immer noch die Kindersicherung eingestellt habt.«

»Es passieren so viele Unfälle … Gerade bei dir!«

»Aber das Luftgewehr von Papa ist ungefährlich, oder was? Wie ist jetzt das Passwort? Ich habe schon dein Standardpasswort ›Mama1234‹ probiert, aber das geht nicht.«

»Für die Eltern ist es eben nicht leicht, wenn die Kinder erwachsen werden. Man will sie weiter vor der bösen Welt beschützen.«

Ich seufze. »Och, Mama, das ist ja lieb, aber …«

»Vorsicht!«, ruft mein Vater plötzlich, dann höre ich einen lauten Knall.

»War das Papas Luftgewehr, Mama?«

Stille.

»Mama?«

»Sohn, wir rufen dich später zurück«, sagt mein Vater und legt auf.

Videoanruf

»Mama, geht's dir gut?«, frage ich.

»Ja, warum soll es mir den schlecht gehen?«

»Ich habe mir natürlich Sorgen gemacht, nachdem Papa gestern mit dem Luftgewehr geschossen hat. Ihr habt auch gar nicht mehr angerufen. Und auf meine SMS an euch, kam immer nur von Papa zurück: ›Bitte melden Sie sich nicht mehr bei mir.‹«

»Ja, es war schlimm.« Meine Mutter stöhnt auf. »Die Taube ist aufs Autodach gefallen.«

»Er hat sich also wirklich erwischt. Das ist ja furchtbar.«

»Das Tier war vollkommen unverletzt. Anscheinend hat sie sich nur vorm Knall erschreckt und ist jetzt auf dem Speicher von Schmidts eingezogen.«

Ich bin erleichtert. »Da bin ich beruhigt. Und dir geht es wirklich gut?«

»Natürlich! Sollen wir mal mit Bild telefonieren? Dann siehst du, dass es mir gut geht.«

»Okay, aber nur ausnahmsweise …«

Meine Mutter legt auf. Es dauert drei Minuten, dann ruft sie auf meinem Handy an. Mit FaceTime.

»Toll, ich kann dich sehen, Sebastian«, sagt sie sofort, als ich drangehe. »Aber du solltest dich echt mal wieder rasieren.«

Ich hätte meinen Eltern wirklich keine Videotelefonate beibringen sollen. Doch was heißt schon »beibringen«?

»Ich kann dich nicht sehen, Mama. Sondern nur eure Schrankwand gegenüber von der Wohnzimmercouch. Du musst die Kamera am Handy umstellen.«

Ich höre Stimmengewirr. Mein Vater ruft: »Nein, nicht da draufdrücken!« Die Verbindung bricht ab.

Zwei Minuten später klingelt mein Handy erneut. Ich gehe ran, und mein ganzes Display wird plötzlich vom Schnurrbart meines Vaters ausgefüllt.

»Papa, halt mal das Handy weiter weg von deinem Gesicht.«

»So besser?«, fragt er.

Jetzt sehe ich auch das rechte Ohr meines Vaters und die Schulter meiner Mutter.

»Du siehst irgendwie dick aus«, sagt sie. »So mit Doppelkinn …«

»Das ist nur die Perspektive.« Ich halte das Handy höher und filme mich von oben. Das machen doch die ganzen Instagrammer auch so.

»Langsam bekommst du wirklich eine Glatze, Sebastian.«

»Vielleicht lassen wir das mit dem Videoanruf.«

»Och nein. Wir haben uns so an dich gewöhnt, als du bei uns in Freiburg warst. Wir wollen dir weiterhin nah sein.«

»Ich finde seine Stimme eigentlich nah genug«, ruft der Schnurrbart meines Vaters.

»Sohn, geht's dir gut? Du bewegst dich gar nicht mehr. Und die Hälfte von deinem Kopf fehlt …«

»Mama, die Verbindung ist total schlecht. Seid ihr im WLAN?«

»Nee, wir sind doch im Wohnzimmer«, sagt der Schnurrbart.

»Übrigens, Sebastian«, ruft die Schulter meiner Mutter. »Hinter dir ist es ziemlich staubig. Du solltest echt mal wieder putzen.«

Jetzt reicht's! Ich schalte die Kamera aus. Dann hole ich den Staubsauger.

»Und immer schön in die Ecken«, ruft meine Mutter. »Ich kann doch hören, dass du wie immer nur oberflächlich putzt.«

Der siebte Sinn der Mütter braucht keine Handykamera. Erbost lege ich auf.

Dann versuche ich noch mal, die Kindersicherung an meinem Computer auszustellen. »MamaistdieBeste« und »DeineMudda« funktionieren auch nicht. Dann habe ich eine Idee. »Ichhabsdirdochgleichgesagt« geht.

Endlich kann ich wieder tagesschau.de lesen.

Der Schnitzelverzicht

»Ich habe mir was überlegt«, sagt meine Mutter.

»Mama, bitte nicht, da kommen doch immer nur dumme Sachen bei raus.«

»Du meinst, wie damals, als ich mir überlegt hatte, noch ein zweites Kind zu bekommen? Und dann kamst du dabei raus ...«

Ich lache gekünstelt. Meine Mutter ist leider einfach witziger als ich. »Was hast du dir denn jetzt Tolles überlegt?«

»Dass man wegen der Klimakatastrophe auf viele Sachen verzichten sollte. Wir können so nicht mehr weitermachen! Es gibt sogar Leute, die ihr Mittagessen im Internet bestellen und sich nach Hause liefern lassen, einfach nur, weil sie zu faul sind, einkaufen zu gehen.«

»Das kann ich mir gar nicht vorstellen. So etwas Unverantwortliches würde ich nie tun«, sage ich. »Aber warum bist du plötzlich so radikal?«

»Ist es schon radikal, wenn man die Tatsache ausspricht, dass wir Menschen systematisch unsere Lebensgrundlage zerstören?«

Ich stutze. »Nein, aber aus deinem Mund klingt es irgendwie ungewöhnlich ...«

»Nur weil ich eine ältere Frau und Mutter bin, kann ich nicht fundiert über realpolitische Sachverhalte sprechen?«

»Mama, ich erkenne dich ja gar nicht wieder. Elterngewerkschaft und jetzt auch noch Omas for Future.«

»Omas? Schon wieder Altersdiskriminierung! Scheinbar geht es dir nur um persönliche Diffamierung, doch so ist kein demokratischer Diskurs mehr möglich.«

»Liebe Mutter, ich bin auf deiner Seite. Worauf willst du denn jetzt verzichten?«

»Wir kürzen dir die finanzielle Unterstützung, damit du nicht mehr in den Urlaub fliegen kannst.«

»Wie bitte? Das ist doch kein Opfer, wenn ich auf etwas verzichte und ihr einfach so weiterlebt wie bisher!«

»Sebastian, weißt du, was die schlimmste Klimasünde von deinem Vater und mir in unserem Leben war?«

»Nein, was?«

»Du!«

»Heute bist du wieder besonders charmant«, sage ich.

»Aber nur Verzicht ist auch keine Lösung. Wir wollen ja nicht, dass du wie ein Azteke lebst.«

»Lustig, Mama, du meinst Asket.«

»Nee, ich meine schon die Indianer. Wegen naturverbunden und so.« Sie hält kurz inne. »Oder wie nennt man die neuerdings? Die naiven Einwohner Amerikas?«

»Nein, Mama! *Native Americans* heißt das.«

»Das hab ich doch gesagt! Du hörst mal wieder nicht zu. Und immer denkst du, dass ich alles falsch sage.«

»Da bin ich halt ein gebratenes Kind. Und bei der Vermeidung von diskriminierenden Ausdrücken muss man präzise sein. Sprache formt schließlich unsere Welt.«

»Ich sage jetzt auch nur noch Sinti-und-Roma-Schnitzel«, ruft mein Vater.

»Super, Papa. Sag doch einfach Jägerschnitzel. Das passt eh besser, da ist die Entstehungsgeschichte gleich inbegriffen.«

»Dann nennen wir dich jetzt auch nicht mehr Sohn, sondern ›kleiner Fehler‹.«

»Oder esst einfach gar kein Schnitzel mehr, das wäre eh gut gegen die Klimakatastrophe.«

»Nee, eben nicht nur Verzicht«, sagt meine Mutter. »Deswegen haben wir dich zudem bei einem Projekt angemeldet, wo du pro Tag hundert Bäume pflanzen musst.«

»Das ist doch nur ein Tropfen auf das heiße Bein«, sage ich und lache über meinen gelungenen Witz.

Meine Eltern schweigen

Plötzlich klingelt es an der Tür.

»Wer ist das?«, fragt meine Mutter.

»Niemand! Bestimmt nur ein Päckchen für die Nachbarn«, sage ich, lege schnell auf und öffne die Tür. Ich habe mir mein Mittagessen bestellt. Natürlich nur ganz ausnahmsweise.

»Na, Herr Lehmann«, begrüßt mich der Bote. »Was machen die Eltern?«

»Denen geht's gut, Reiner«, sage ich und nehme Olivenöl, Tomaten, Mozzarella, Mehl und Hefe entgegen. Dazu eine Basilikum-Pflanze. Es soll mal wieder Pizza geben.

Die Hängematte

Meine Mutter ruft mit ihrem Handy an – und nicht mit dem alten und bewährten Festnetztelefon wie sonst meistens.

»Hallo, Mama«, sage ich, aber sie antwortet nicht. Stattdessen nur Rascheln, Knistern und entfernte Stimmen. Es rauscht noch ein bisschen, dann bricht die Verbindung ab.

Ich rufe sie auf dem Festnetz zurück. Es klingelt und klingelt, aber niemand geht ran. Ich finde das Wort »Festnetz« übrigens ziemlich seltsam. Ein festes Netz? Was soll das sein? Eine Art Sicherheitsnetz, in das man fällt wie ein Trapezkünstler, falls das Handynetz reißt? Aber in ein allzu festes Netz will man ja auch nicht fallen, das tut zu sehr weh. Ich stelle mir ein Sicherheitsnetz eher wie eine Art Hängematte vor. In die fällt man sanft und kann gleich liegen bleiben. Sind Eltern und die Familie im Allgemeinen nicht so eine gemütliche Sicherheits-Hängematte? Früher warfen gemeine, neoliberale Politiker gern Arbeitslosen vor, sie würden sich in solch einer sozialen Hängematte ausruhen. Eine Hänger-Matte sozusagen.

Ich versuche es noch mal auf dem elterlichen festen Netz.

»Deine Hosentasche hat mich gerade angerufen«, sage ich, als sich meine Mutter meldet.

»Das kann nicht sein, Sebastian. Ich bin gerade erst nach Hause gekommen.«

»Doch, Mama. Dein Handy ist angegangen, als du unterwegs warst, und du hast mich aus Versehen angerufen. Ich habe nur Rascheln gehört.«

»Das hast du dir eingebildet, Sebastian. Weißt du noch wie damals, als du behauptet hast, du wärst auf einem weißen Glücksdrachen durch die Nacht geritten.«

»Da war ich vier Jahre alt.«

»Das war eine unendliche Geschichte mit deinen falschen Behauptungen«, sagt sie. »Einmal hast du sogar erzählt, du wärst im Besitz eines seltsamen Rings, mein Schatz.«

»Ich besaß halt schon immer eine reiche Fantasie, deswegen bin ich Schriftsteller geworden. Gerade eben hast du mich aber wirklich versehentlich angerufen.«

»Bestimmt nicht! Ich kenne mich mit meinem Handy sehr gut aus. Es könnte höchstens sein, dass sich mein Handy von selbst entsperrt hat, weil du es damals falsch eingerichtet hast.«

Im Augenwinkel sehe ich, wie eine Eule auf meinem Fenstersims landet. Sie hat einen Brief im Schnabel. Ich wusste es immer!

»Sebastian, träumst du wieder?«

»Ja, und? Ich liege in der Hängematte meiner Fantasie.«

»Oje, ist es jetzt so weit? Schreibst du als Nächstes ein Fantasy-Buch?«

»Ich arbeite tatsächlich wieder an einem neuen Buch, wie immer wird es jedoch sehr realistisch …«

»Sind von dem Buch über deinen Garten[12] nicht noch genug übrig?«

»Na ja, schon. Aber der Verlag meint, die gehen wohl nicht mehr weg. Da dachte ich, ich schreibe ein neues Buch.«

»Ich fand sowieso, dass du mit deinem schwarzen Daumen nicht ausreichend qualifiziert bist, um ein Buch übers Gärtnern zu schreiben.«

»Es ging ja nicht nur ums Gärtnern, sondern auch ums Handwerken.«

Mein Vater lacht laut auf. »Da hast du dann eher einen roten, blutigen Daumen.«

---

12 Sebastian Lehmann: *Das hatte ich mir grüner vorgestellt. Mein erstes Jahr im Garten*, Goldmann 2021. Kann ich persönlich sehr empfehlen.

»Das sagt ja der Richtige!«, ruft meine Mutter.

»Die Leute wollen nicht den perfekten Gärtner«, sage ich. »Sondern können sich bestimmt besser mit meinem charmanten Scheitern identifizieren.«

»So könntest du auch deine Autobiografie nennen: Sebastian Lehmann: *Charmant gescheitert.*«

»Oder einfach nur: Sebastian Lehmann: *Gescheitert*«, schlägt mein Vater vor.

»Liebe Eltern, es reicht jetzt. Immer seid ihr so gemein.«

»Ach, Sebastian, wir können ja im Sommer wieder nach Berlin kommen und dir im Garten helfen«, schlägt meine Mutter vor.

»Das wäre nett«, sage ich. »Vielleicht sehe ich dann auch mal ein bisschen mehr von euch, letztes Mal wart ihr ja die ganze Zeit mit dem Schiff unterwegs. Und die Laube im Garten bräuchte wirklich ein neues Dach, außerdem muss eine schiefe Birke gefällt werden, und drei Hochbeete sollen zusammengezimmert werden.«

»Darüber können *wir* ja dann ein Buch schreiben«, sagt mein Vater. »Titel: *Ohne die Eltern geht's halt doch nicht – wie ein achtunddreißigjähriger Sohn seit achtunddreißig Jahren scheitert.*«

»Wird bestimmt ein Bestseller«, sage ich und lege auf.

Dann bestelle ich mir eine Hängematte. Für den Garten.

Die Vorgeschichte:

Vorwärts in die Vergangenheit

Im Kino haben ja seit einiger Zeit Filme Konjunktur, die sich der Vorgeschichte eines bekannten älteren Blockbusters widmen. Inzwischen scheint fast jeder halbwegs erfolgreiche Stoff der Kinogeschichte ein Prequel – so der Fachterminus – zu bekommen. Nur meine liebste Filmreihe, die Trilogie *Zurück in die Zukunft*, widerstand bis jetzt zum Glück diesem fragwürdigen Trend. Dabei böte sich dafür der perfekte Titel *Vorwärts in die Vergangenheit* an.

Jedenfalls dachte ich in einem Anfall von Größenwahn: »Lord Sebastian«, so nenne ich mich selbst, wenn ich über mich nachdenke, »schreibe doch für die geneigten Leserinnen und Leser mal auf, wie es dazu gekommen ist, dass du Bücher mit Elterntelefonaten veröffentlichst und im Radio vorliest.«

Noch schöner als das in Kürze folgende kurze Prequel fände ich übrigens, wenn dieses Buch als abendfüllender Film in die Kinos kommen würde. Als Regisseur würde ich selbstverständlich Christopher Nolan anfragen, denn mein Leben bräuchte eindeutig mehr Action. Klar ist, dass mich eigentlich nur der junge Johnny Depp spielen könnte. Vielleicht noch James Dean. Den gibt es nur in jung. Meinen Vater könnte bestimmt sehr gut der Schauspieler, der Dumbledore in den *Harry-Potter*-Filmen verkörpert, spielen. Und meine Mutter? Meine Mutter muss sich natürlich selbst spielen.

Nun aber vorwärts in die Vergangenheit:

Es war einmal ein junger Mensch, also ich, der schrieb hauptsächlich Geschichten darüber, dass er viel schlief und trotzdem immer müde war. Die kurzen Erzählungen drehten sich darum, dass mich jemand, ein Mitbewohner meistens, früh morgens – so gegen elf – aufweckte. Dann wurde ich aggressiv und bewarf ihn mit Baldrianteebeuteln und Melatonin-Tabletten.

Ich schlief damals gern. Lange und aus. Wahrscheinlich hing das mit meinem Studium der Neueren deutschen Literatur, Philosophie und Neueren Geschichte zusammen. Ich ging selten in Seminare, die vor zwölf Uhr mittags begannen. Eigentlich gab es in den Geisteswissenschaften überhaupt gar keine Seminare vor zwölf Uhr mittags. Ich fühlte mich trotzdem immer müde. Obwohl es damals, Mitte der Nullerjahre, noch kaum ausschweifend erzählte Serien aus den USA gab, mit denen man sich im Bett liegend, den Laptop auf die Brust gebettet, die Nächte um die Ohren schlagen konnte. Wir hatten ja nichts.

Nur lineares Fernsehen. Dort lief immerhin eine Serie, die ich gern schaute, sie trug den verheißungsvollen und irgendwie an Zwanzigerjahre-Chansons gemahnenden Titel *Berlin, Berlin*. Die Hauptfigur der Serie hieß Lolle. In der ARD stellte man sich vor, dass junge Frauen in Berlin Lolle heißen, die Haare kurz tragen und ein bisschen flippig sind (ein Wort, das nur Grundschullehrer und öffentliche-rechtliche Serienentwicklerinnen benutzen). Natürlich verliebte ich mich in die fiktive Lolle. Eigentlich war diese Serie der Hauptgrund für mich, nach Berlin zu ziehen. Leider habe ich bis jetzt in Berlin noch keine Lolle kennengelernt.

Meine generelle Müdigkeit in dieser Zeit kam also nicht vom Serien bingewatchen. Übrigens gab es noch nicht einmal dieses Wort: *binge*. Lange hatte ich gedacht, es würde eigentlich »Bing« ausgesprochen. Ich leitete es von Chandler Bing her, meiner Lieblingsfigur aus *Friends*. Die andere Serie, die ich neben *Berlin, Berlin* regelmäßig schaute, wenn die Enterprise gerade nicht durchs All flog. Eigentlich hoffte ich als neunzehnjähriger Freiburger, mein Leben würde sich zu einer Mischung aus diesen beiden Serien entwickeln. Ich würde mit meinen verrückten, aber liebenswerten Freunden in einer superschönen, riesigen WG wohnen, obwohl wir auch mit Ende zwanzig nur in prekären Jobs arbeiteten, aber in Berlin, Berlin. Und irgendwann träfe ich Jennifer Aniston. Die dann Lolle hieße. Wäre auch ein guter Name, wenn wir heiraten würden: Lolle Lehmann. Das klingt sehr nach Berlin: *Ick koof bei Lolle Lehmann*. Alternativ konnte ich mir auch vorstellen, doch noch in die Sternenflotte einzutreten.

Ich werde immer traurig, wenn ich Chandler heute sehe, also den Schauspieler Matthew Perry, der ihn in der Serie verkörperte. Er hat ein sehr schwabbliges Doppelkinn, obwohl er nicht dick ist. Wenn er spricht, wirkt es, als würde sein Kinn ein Eigenleben führen. Manchmal befühle ich die Haut unter meinem Kinn, ob da inzwischen ebenfalls etwas schwabbelt. Wie fühlt sich ein Doppelkinn an? Vielleicht wie die Lefzen eines sehr großen Hundes? Eigentlich fürchte ich mich nur vor zwei Dingen, die das Älterwerden mit sich bringt: Doppelkinn und Männerbrüste.

Wie kam ich jetzt vom Schlafen auf Männerbrüste?

Jedenfalls ließ sich mit dem Schlaf-Thema nicht viel gewinnen. Es kamen kaum Leute zu meinen Auftritten – und schliefen dann meistens ein, sobald ich zu lesen begann. Oft nickte ich bei meinen Lesungen selbst auf der Bühne ein.

Auch privat zermarterte ich mir mit existenziellen Sorgen den Kopf. Ich schlief schlecht, wenn ich nicht gerade meinen erschöpften Körper auf den Bühnenboden bettete. Freunde sagten, das hinge wahrscheinlich damit zusammen, dass meine Zukunftsaussichten auf dem Arbeitsmarkt nicht gerade rosig aussähen. Was wird man schon als neuerer Germanist, neuerer Historiker und alter Philosoph? Und ich war gleich alles drei. Falls ich doch einmal gut schlief, träumte ich banales Zeugs, das ich nicht literarisch ausschlachten konnte. Meine Träume waren grundsätzlich sehr langweilig. Manchmal schlief ich sogar im Traum selbst vor Langeweile ein.

Dabei konnte man so tolle Sachen träumen: »Ich habe kürzlich davon geträumt, wie ich als Elfenkönig eine unterirdische Goldstadt erobere«, erzählte mir ein Freund einmal. »Und danach hatte ich Sex mit der Königin und ihrer dreibrüstigen Schwester.«

»Ich habe geträumt, dass ich im Supermarkt an der Kasse stehe«, antwortete ich. »Eine Seniorin vor mir zählt dem Kassierer Centstücke in die hohle Hand. Es dauert sehr lange. Unter dem Hemd des Kassierers zeichnen sich seine drei Männerbrüste ab.«

»So was träumt man doch nicht«, sagte der Freund, »das ist die Realität.«

Ich musste mich von meiner thematischen Schlaf-Fixierung lösen. Vielleicht sollte ich überhaupt meine Schriftsteller-Karriere an den Nagel hängen, dachte ich damals. Ich musste mich auf meine anderen Fähigkeiten konzentrieren. Was konnte ich gut? Was waren meine Stärken? Wo sah ich mich in fünf Jahren?

Ich konnte gut sitzen. Ich war ein hervorragender Sitzer. Noch der unbequemste Holzstuhl verwandelte sich durch meine Sitzfähigkeit zum bequemen Sofa.

Oft fragten mich Leute bewundernd, zum Beispiel, wenn ich im Zug saß: »Wie machen Sie das nur? Sie sitzen hier so graziös, mit Anstand und Würde, und gleichzeitig sieht es sehr bequem aus. Ist der Platz neben Ihnen vielleicht noch frei? Ich würde Ihre Sitzhaltung gern ausführlicher studieren. Oder sollen wir gleich Sex haben?«

Doch wie konnte ich mit Sitzen Geld verdienen?

Ich ging zum Arbeitsamt und fragte meinen Sachbearbeiter um Rat. Mein Sitzstil begeisterte ihn zwar sehr – als Beamter ein echter Experte in Sachen Sitzen.

Doch sah er meine Karriere als professioneller Sitzer skeptisch. »Heutzutage sind die Aussichten für Sitzer nicht mehr gut, alle wollen nur noch aktive und fitte Mitarbeiter. Der Staatsdienst ist ein letztes Refugium für uns Sitzer.«

Er blickte mich traurig an. Übrigens hieß er auch Herr Lehmann, wie ich auf dem Schild auf seinem Schreibtisch las.

Es leben viele Lehmänner in Berlin. Bestimmt auch irgendwo eine Lolle Lehmann. Irgendwann würde ich sie treffen.

»Wie sieht es denn mit Stehen und Gehen bei Ihnen aus?«, fragte der Beamte Lehmann dann. »Steher und Geher sind wieder sehr nachgefragt, alle politischen Bewegungen brauchen welche für ihre Kundgebungen.«

»Nein, ich stehe nicht gut«, sagte ich. »Und besonders ungern stehe ich auf und gehe los. Ich sitze wirklich am liebsten zu Hause.«

Es war aussichtslos. Was ich gut konnte, brachte keinen Ruhm und kein Geld. Was ich schlecht konnte, konnte ich schlecht. Ich brauchte ein Thema, worüber ich schreiben konnte und mit dem sich die Leute identifizierten.

In diesem Moment rief meine Mutter aus meiner Heimatstadt Freiburg an.

Und was soll ich sagen? Sie hatte eine gute Idee.

Kryptisch

»Sebastian, ich habe gestern lange mit der Mutter deiner Freundin telefoniert.«

Es ist also so weit. Wahrscheinlich gibt es bald das große Familientreffen mit allen vier Eltern im Golfclub. Ich habe Angst. »Ihr wolltet euch alle treffen, oder?«

»Da muss ich ja nicht dabei sein«, ruft mein Vater von hinten.

»Na ja, das Gespräch mit deiner Schwiegermutter in spe lief leider nicht so gut«, sagt meine Mutter.

»Das kann ich mir gar nicht vorstellen.«

»Aus dem Treffen wird wohl leider erst mal nichts.«

»Och, wie schaaaade …«, rufen mein Vater und ich gleichzeitig

»Dabei wollte ich mit ihr dringend ein paar finanzielle Dinge besprechen«, sagt meine Mutter. »Dein Vater und ich investieren nämlich gerade verstärkt in kryptische Währungen.«

»Wovon redest du?«.

»Bitcoin, Sebastian! Da mischen wir jetzt mit.«

»Bitte seid vorsichtig! Nicht dass das so läuft wie beim Hütchenspieler in Berlin. Wie viel habt ihr denn investiert?«

»Na ja, schon recht viel. Und vielleicht zum falschen Zeitpunkt …«

»Was soll das heißen? Wie viel habt ihr verloren?«

»Also dein Erbe ist im Moment weg«, ruft mein Vater von hinten.

»Mehr als den Tisch, unter dem ich meine Füße ausstrecke, habe ich ohnehin nicht erwartet.«

»Zwischenzeitlich sah das mal für dich so aus, als wärst du der Sohn von Jeff Benzos.«

Ich muss lachen. »Darf ich das verwenden? Jeff Benzos. Der Chef, dessen Mitarbeiter wegen zu viel Stress und Überwachung am Arbeitsplatz Beruhigungsmittel brauchen. Sehr gut, vielleicht sollte ich es mal mit politischem Kabarett versuchen?«

»Wenn's Geld bringt, wäre das vielleicht keine schlechte Idee.«

»Wieso?«

»Beim Metzger wollten sie die Bitcoins nicht nehmen«, sagt meine Mutter. »Und beim Bäcker auch nicht. Nicht mal im Computerladen …«

»Deswegen rufen wir auch an, lieber Sohn«, sagt mein Vater erstaunlich leise. »Wir haben gerade einen Engpass, was Bargeld angeht.«

»Vielleicht könntest du uns einen kleinen Betrag leihen, Sebastian? Du sagst doch immer, dass es bei dir so gut läuft.«

»Verkauft doch einfach eure Bitcoins.«

»Nein, das geht nicht!« Ich höre, wie mein Vater mit der Faust auf den Wohnzimmertisch schlägt. »Die steigen doch bestimmt bald wieder! Man muss warten!«

»Deine reichen Schwiegereltern wollten uns auch nichts leihen. Dabei brauchen wir nur ein Taschengeld«, versucht es meine Mutter ruhiger. »Nicht viel, vielleicht so vierzigtausend. Am besten in kleinen Scheinen.«

»Ihr habt euch verzockt, und jetzt soll ich euch aus der Patsche helfen?«

»Wir haben dir auch schon oft geholfen«, sagt meine Mutter. »Damals, als du in der Schule dein Geld für die Milch verloren hast, haben wir auch nichts gesagt.«

»Da wollte Papa mich auch enterben. Aber das ist ja jetzt eh egal … Also gut, bevor ihr verhungert, überweise ich euch mein Erspartes. Viel ist es nicht.«

»Danke, Sohn, du bist lieb!«

»Perfekt! Dann kann ich gleich noch mal investieren«, ruft mein Vater und legt auf.

Feminismus

»Weißt du, was mir vorhin aufgefallen ist?«, fragt meine Mutter.

»Dass ich eigentlich doch der viel tollere Sohn bin?«

»Wie kommst du jetzt da drauf? Ich liebe alle meine Söhne gleich. Ich kann ja nicht anders.«

»Dann bin ich ja beruhigt.«

»Sebastian, darum geht es nicht, sondern: dein Vater, dein Bruder, sogar du irgendwie – alles Männer. Ich bin die einzige Frau in der Familie.«

»Das fällt dir erst jetzt auf?«

»Jedenfalls wird mir einiges klar. Man kommt als Frau unter zwei, äh drei Männern – ich vergesse dich irgendwie immer – kaum zu Wort.«

»Ich hatte eigentlich nicht das Gefühl, dass wir zu wenig miteinander reden, gerade im Moment zum Beispiel telefonieren wir …«

»Ich bin jetzt auch Feministin«, unterbricht sie mich. »Frauen sind einfach auf allen Gebieten viel besser und angenehmer als Männer. Die ganzen Diktatoren und AFD-Politiker zum Beispiel: alles Männer. Wir sind das gute Geschlecht.«

»Beim Feminismus geht es nicht darum, dass Frauen besser sind, sondern um Gleichberechtigung.«

»Aha, willst du mir als Mann auch noch den Feminismus erklären, oder was?«

»Immerhin hast du mich jetzt als ›Mann‹ bezeichnet.«

»Wie nennt man das noch mal, was du gerade gemacht hast?«

»Diese weit verbreitete Unart von Männern nennt sich ›Mansplaining‹«, erkläre ich. »Das ist ein Neologismus. Es ist ein Portmanteauwort aus den englischen Begriffen *man* und *splaining*, abgeleitet von *explaining*, auf Deutsch: *erklären*.[13] Mansplainig bedeutet, dass Männer Frauen immer alles erklären, auch wenn sie viel weniger Ahnung haben und die Frauen das gar nicht wollen.«

»Und du scheinst darin echt gut zu sein, mein Sohn.«

»Danke«, sage ich. »Im feministischen Diskurs kenne ich mich sehr gut aus. Ich habe nämlich mindestens fünfundzwanzig Artikel in der ZEIT gelesen, die vom ach so schlimmen Gendern handeln und von privilegierten, mittelalten Männern geschrieben sind.«

»Da bist du mir ja total überlegen.«

»Außerdem bekenne ich frei nach Friedrich Merz, der erklärt hat, er könne kein Frauenfeind sein, weil er Töchter hat: Ich verstehe die Frauen, weil ich eine Mutter habe.«

»Willst du mir vielleicht auch noch erklären, wie man mit Kindern Karriere machen kann?«

»Er hat ja nicht mal ohne Kinder Karriere gemacht«, ruft mein Vater von hinten. »Aber das habe ich ja gleich gesagt.«

»Es gibt nur eine Sache, die noch schlimmer ist als Mansplaining«, sage ich. »*Dadsplaining*: Alles besser wissen, aber nicht mal erklären, warum.«

»Und ich muss beides ertragen, als einzige Frau in dieser Familie«, sagt meine Mutter und legt auf.

---

13 Diese Definition habe ich beim Wikipedia abgeschrieben und nur leicht verändert. Das würde ich als Mann aber nie zugeben. Außerdem besitze ich ohnehin keinen Doktortitel, der mir deswegen aberkannt werden könnte.

Bart

»Ich habe auf deiner Homepage dein neues Pressefoto gesehen«, sagt meine Mutter.

»Du schaust dir meine Pressefotos an? Warum denn das?«

»Ich wollte das mal in der Familien-WhatsApp-Gruppe rumschicken.«

»Dann trete ich da wieder aus!«, ruft mein Vater von hinten.

»Mama, gibst du etwa mit mir, deinem erfolgreichen Schriftsteller-Sohn, an?«

»Es ist ja nicht alles schlecht, was du machst.«

Ich kann es gar nicht fassen: ein Kompliment. »Und wie hat dir das Foto gefallen?«

»Da war etwas ganz Komisches in deinem Gesicht …«

Ein Kompliment pro Telefonat muss anscheinend reichen.

»Ich habe mir nur einen längeren Bart wachsen lassen.«

»Ah, ich dachte, du wärst dreckig …«

»Du hast schon Bartwuchs?«, ruft mein Vater.

»Papa, ich bin Ende dreißig.«

»Mit Ende dreißig hatte ich schon eine Glatze.«

»Toll. Da bin ich ja froh, dass ich nicht nach dir komme …«

»Sebastian, das stimmt nicht! Du bist genauso wie dein Vater! Bist ihm wie aus dem Gesicht geschnitten.«

»Nein!«, rufen mein Vater und ich gleichzeitig.

»Doch, doch«, lässt sich meine Mutter nicht beirren. »Ihr seid beide dunkelhaarig, klein und habt eine Rot-Grün-Schwäche.«

»Na gut, oberflächlich sind wir uns vielleicht ein bisschen ähnlich«, gebe ich zu. »Und Geld haben wir auch beide nicht, nachdem ihr ja alles beim Spekulieren mit euren Bitcoins verloren habt.«

»Das Geld ist wieder da, Sebastian. Oder war eigentlich nie weg. Anscheinend hat dein Vater gar nicht wirklich Bitcoins gekauft, sondern irgendwas falsch gemacht bei der Bank-App auf seinem Smartphone.«

»Da bin ich ja beruhigt. Manchmal zahlt sich Unvermögen aus. Das kenne ich auch von mir. Könnt ihr mir dann mein Erspartes zurücküberweisen?«

»Haben wir schon. Mit einem kleinen Abzug, du schuldest uns ja noch einiges aus den letzten achtunddreißig Jahren.«

Ich checke schnell online, wie viel Geld sie überwiesen haben. »Fünf Euro? Seid ihr wahnsinnig?«

»Wie dein Vater. Immer nur ans Geld denken …«

»Jetzt reicht es aber! Wir sind sehr unterschiedlich. Unser Lebensstil lässt sich überhaupt nicht vergleichen. Ich bin ein weit gereister, kreativer Großstadt-Bohemien, und Papa wohnt seit seiner Geburt in Freiburg und ging vor seiner Rente einem geregelten Beruf nach.«

»Ihr trinkt beide gern Bier, redet nie über eure Gefühle und könnt nicht tanzen«, sagt meine Mutter. »Und dein Vater und ich sind auch viel gereist. Damals die zwei Monate nach Indien zu Beispiel. Wir waren auch mal jung und auch poly...dings.«

»Hoffentlich nicht polyamorös.«

»Ich kann tanzen«, sagt mein Vater leise im Hintergrund.

»Auf der Tanzfläche stehen und abwechselnd den rechten und linken Arm heben ist nicht tanzen«, sagt meine Mutter.

»Doch!«, rufe ich.

»Siehst du, Sebastian.«

»Ja, aber Papa hat keinen so schön dichten Vollbart wie ich«, sage ich.

»Ist es so schlimm wie ich zu sein, Sohn 2?«, fragt mein Vater noch leiser.

»Och, Papa. So hab ich das jetzt doch nicht gemeint, ich bin gern wie du. Nur gibt es eben Unterschiede …«

»Ja, ich tanze zum Beispiel viel besser als du!«, ruft mein Vater beleidigt und legt auf.

Die jungen Eltern

»Hast du die alten Fotos von uns bekommen, die ich in der Familiengruppe geteilt habe?«, fragt meine Mutter. »Da war ich siebzehn, und dein Vater war achtzehn.«

»Sehr niedlich saht ihr aus«, sage ich.

Als Kind kann man sich nicht so recht vorstellen, wie die eigenen Eltern gelebt haben, als sie jung waren. Die Siebzigerjahre. Mein Vater trug Koteletten so breit und buschig wie kleine Hamster, meine Mutter die weitesten Schlaghosen, die ich je gesehen habe, und mindestens sieben Perlenketten übereinander. Und eine Feder im Haar.

Noch weniger kann ich mir vorstellen, wie meine Eltern zur Schulzeit waren. Kamen sie morgens auch immer so schlecht aus dem Bett und dann zu spät zum Unterricht wie ich? Hatten sie Konflikte mit ihren Eltern über zu flippige Frisuren oder löchrige Jeans? Rauchten sie heimlich in der großen Pause auf dem Schulhof, und legten sie den Lehrern Furzkissen auf den Stuhl? Klauten sie im beim Kiosk Cola-Kracher und die Bravo? Was auch immer damals im unschuldigen letzten Jahrtausend als aufmüpfig galt …

»Habt ihr denn auch mal einen Streich gespielt, damals in der Schule?«, frage ich.

»Wir waren brav und haben viel gelernt«, ruft mein Vater.

»Na ja.« Meine Mutter räuspert sich. »Außer, als ich die Schule angezündet habe …«

»Was? Das ist Brandstiftung!«

»Sei doch nicht so spießig, Sebastian. Nur der Reliraum ist abgebrannt. Das war eben eine politische Aktion. Außerdem wurde ich nicht erwischt. Der Direktor meinte, es wäre Claudia aus meiner Parallelklasse gewesen. Die wurde auch von der Schule geworfen. Einmal habe ich sie noch gesehen, am Bahnhof Zoo in Berlin, sie war später obdachlos und drogensüchtig.«

»Was? Das ist ja furchtbar!«, sage ich. »Hast du wenigstens sonst nicht Schlimmes angestellt?«

»Nein, nein«, sagt meine Mutter. »Ich habe bei meinem Vater nur ganz selten mal ein bisschen Geld aus dem Portemonnaie genommen.«

»Du hast Opa beklaut?«

»Sonst hätte der Alte es ja nicht rausgerückt – und ich wollte halt zum Rolling-Stones-Konzert nach London trampen.«

»Trampen ist doch für eine junge Frau viel zu gefährlich.«

»Die ganzen Trucker waren total nett. Mit einem bin ich bis in den Iran gefahren. Wir hätten beinahe geheiratet.«

»Papa, wusstest du das?«

»Klar«, sagt mein Vater. »Wir sind ja auch oft zusammen getrampt. Zum Beispiel, als ich zu Hause abgehauen bin und zwei Jahre in dem besetzten Haus in Frankfurt gewohnt habe, und bei den Demos gegen die Wiederbewaffnung …«

»Wie ›abgehauen‹?«

»Na, als ich meine Ausbildung abgebrochen habe.«

»Liebe Eltern, das hättet ihr *mir* in meiner Jugend aber alles nicht durchgehen lassen.«

»Das ist ja auch was ganz anderes«, sagt meine Mutter. »Du warst ja auch immer ungezogen!«

»Ich habe wenigstens nie die Schule angezündet!«, rufe ich und lege auf.

Alles in Ordnung

Es ist kurz nach zwanzig Uhr, und meine Mutter ruft an. Das ist sehr ungewöhnlich. Normalerweise bin ich zu dieser Zeit vor Elternanrufen sicher, weil sie dann Tagesschau gucken. Und zwar immer, jeden Tag, egal, wo sie sich gerade aufhalten, im Urlaub oder bei Verwandten zu Besuch. Ab halb acht werden sie unruhig, schleichen um den Fernsehapparat herum, bis sie sich um 19:50 Uhr endlich mit einem erleichterten Seufzer aufs Sofa fallen lassen und die ARD einschalten. Die Tagesschau verpassen sie nie, obwohl sie – wie inzwischen alle Menschen – den ganzen Tag über ständig im Internet Nachrichten lesen. Sonntags verlängert sich meine elterliche Telefon-Schonzeit noch um eineinhalb Stunden *Tatort*, den sie ebenfalls grundsätzlich angucken, obwohl sie immer etwas daran auszusetzen haben.

Es muss also etwas Schlimmes passiert sein, wenn meine Mutter um diese Zeit anruft.

»Hallo, Mama, was ist los? Geht's euch gut?«, rufe ich sofort besorgt.

»Oje, Sebastian«, sagt sie. »Dein Vater ist geflogen.«

»Papa fliegt allein? Wohin denn?«

»Die Treppe runter …«

»Oh Gott! Hat er sich verletzt?«

»Ach, nein, es geht ihm gut. Blöd nur, dass wir jetzt die Tagesschau und den *Tatort* verpassen. Zum Glück soll der heute mal wieder besonders schlecht sein.«

Erleichtert atme ich auf. »Dann bin ich beruhigt, dass es ihm gut geht.«

»Na ja. Fast. Nur eine kleine Platzwunde am Kopf«, sagt sie.

»An der Glatze? Ein Glatzwunde?« Ich muss kichern.

»Das sagt der Richtige ... Bei dir wächst da ja auch nicht mehr viel. Außerdem hätte das bei deinem Vater auch ins Auge gehen können.«

»Lieber Sebastian«, ruft mein Vater plötzlich von hinten ins Telefon. »Schön, mal wieder deine Stimme zu hören! Wir vermissen dich hier, willst du nicht mal wieder zu Besuch kommen?«

»Papa, bist du das?«, frage ich überrascht. »Du bist ja auf einmal so freundlich. So kenne ich dich gar nicht.«

»Was macht die Kunst?« Seine Stimme klingt erstaunlich sanft. »Ich fand ja dein letztes Buch über deinen Garten wirklich vortrefflich. Humorvoll und trotzdem schlau. So talentiert, mein Sohn Nummer 1!«

»Ihr müsst sofort ins Krankenhaus, Mama! Da muss etwas passiert sein, als er auf den Kopf gefallen ist, Papa ist auf einmal stolz auf mich.«

»Liebe Ehefrau, ich gehe mal in die Küche und mache den Abwasch. Darf ich dir danach noch einen Prosecco bringen?«

»Ich find's eigentlich ganz angenehm so«, sagt meine Mutter.

»Und er ist einfach so die Treppe runtergefallen?«, frage ich misstrauisch. »Ohne, dass vielleicht jemand nachgeholfen hat?«

»Also ich bitte dich, was unterstellst du mir da? Er ist einfach so geflogen ...«

»Sohn, ich hab dir tausend Euro überwiesen, damit du dir mal was Schönes kaufen kannst«, ruft mein Vater aus der Küche.

»Siehst du, Sebastian, alles in Ordnung ...«

»Stimmt«, sage ich. »Alles in Ordnung.«

Disclaimer

Bei den Arbeiten an diesem Buch wurden keine Väter und nur ein Hamster verletzt.

Ähnlichkeiten mit realen Personen sind rein zufällig. Meine echten Eltern sind viel netter als die Figuren in diesem Buch. Sie sehen für ihr Alter erstaunlich gut aus, ernähren sich ausgewogen, meist vegan, und trinken fast nie Alkohol, weder Rothaus-Bier noch Schwarzwälder Kirschwasser. Außerdem sind sie belesen, intelligent und respektvoll im Umgang mit ihnen anvertrauten Kindern. Sie lieben ihre beiden Söhne gleichermaßen und würden nie den Erstgeborenen Christian bevorzugen, obwohl der so viel erfolgreicher und schöner ist. Ich wurde von ihrem Anwalt dazu gezwungen, dies zu schreiben.

Außerdem haben meine Eltern ein Spendenkonto für mich unter dem Stichwort »Unerfolgreicher Sohn« bei der *Lehman Brothers Bank* in Singapur eingerichtet.

Der Abdruck aller Telefongespräche in diesem Buch folgt mit freundlicher Genehmigung der *Die Lehmann Eltern GmbH und Co KG*. Alle Rechte vorbehalten.

Danksagung

Sebastian dankt ...

Annika. Und den tollen Menschen bei der Lesedüne, Fuchs & Söhne, Kaderschmiede, SWR3, radioeins und Voland & Quist.

Aber vor allem dankt Sebastian seinen Eltern. Nicht nur für die Telefonate, die er über viele Jahre mit ihnen führen durfte, sondern für alle Wohltaten, die sie ihm zuteilwerden ließen. Also vor allem Geld und Liebe. Und er dankt ihnen natürlich für sein Leben im Allgemeinen. Denn was wäre er, der Sohn, schon ohne seine Eltern? Nicht existent.

Auf weitere gute Zusammenarbeit!

Sebastians Mutter dankt ...

ihrem erstgeborenen Sohn Christian dafür, dass er nie ein Buch über die Telefonate mir ihr geschrieben hat.

Sebastians Vater dankt ...

»Warum soll ich mich denn bei jemandem bedanken? Ich komme in diesem Buch eh viel zu schlecht weg. Eine Unverschämtheit ist das! Ich rate jedem ab, diesen Schund zu lesen. So, jetzt reicht's! Tschüss«, ruft mein Vater und legt auf.